음식에서 찾은 화학 이야기

생각하는 어린이 과학편 ③

음식에서 찾은 화학이야기

초판 발행 2024년 08월 20일
초판 2쇄 2025년 06월 10일

글쓴이 정순
그린이 예슬
펴낸이 이재현
펴낸곳 리틀씨앤톡
출판등록 제 2022-000106호(2022년 9월 23일)

주소 경기도 파주시 문발로 405 제2출판단지 활자마을
전화 02-338-0092
팩스 02-338-0097
홈페이지 www.seentalk.co.kr
E-mail seentalk@naver.com
ISBN 979-11-988417-7-3 73400

ⓒ2024, 정순

모델명 | 음식에서 찾은 화학 이야기 제조년월 | 2025. 06. 10. 제조자명 | 리틀씨앤톡 제조국명 | 대한민국
주소 | 경기도 파주시 문발로 405 제2출판단지 활자마을 전화번호 | 02-338-0092 사용연령 | 7세 이상

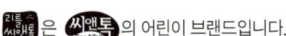

은 씨앤톡의 어린이 브랜드입니다.

알고 보면 화학은 우리 일상 곳곳에 숨어 있어요

이건 정말 비밀인데, 저는 학교 다닐 때 화학을 정말 어려워했어요. 어려우니 자꾸 피하고 싶고 나중에는 싫어지더라고요. 얼마나 싫어했느냐고요? 화학 수업이 있는 날에는 갑자기 자연재해가 생겨 학교에 못 갔으면 좋겠다고 생각할 정도였거든요.

이런 화학을 고등학교 때까지만 공부하면 될 줄 알았는데 오히려 대학에 가서 훨씬 더 많이, 더 오래 공부하게 됐어요. 그런데 말이에요, 음식을 통해 화학 원리를 들여다보니 색다른 느낌이 들더라고요. 그전까지는 별 관심 없던 현상에 대해 궁금해지고 관심이 생기기 시작한 거예요.

'음식'에는 식품과 음료 모두가 포함돼요. 식품을 요리하거나 가공해서 우리가 먹을 수 있는 상태로 만든 것이 음식이거든요. 사람은 음식을 먹지 않고 살 수 없기 때문에 매일 음식을 접해야 하잖아요. 그러다 보니 음

식 속에서 화학을 찾아 들여다본다면 참 좋겠다 싶었어요. 그럼 우리 일상과 멀리 떨어져 있을 것 같은 화학이 아주 가깝게 느껴질 것 같았거든요. 알고 보면 매일 우리 식탁에 오르는 밥에도, 김치에도, 불고기에도, 그 맛을 내기 위해서 수많은 화학 원리가 부지런히 자기 일을 하고 있었던 거예요.

아무리 익숙한 음식이라도, '어떻게 만들어졌지?'라고 생각하고 그 과정과 원리를 알게 되면 여러분의 눈앞에 새로운 세계의 문이 열릴 거예요.

이 책을 통해 어린이들이 아무렇지 않게 접했던 음식 속에 수많은 화학 원리가 숨어 있다는 사실을 알고 더 큰 호기심을 마음속에 품었으면 좋겠어요.

정순

5

차 례

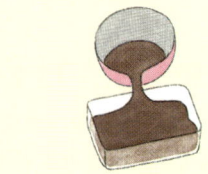
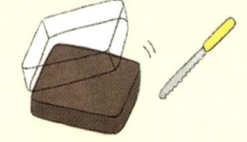

제1장

불고기 양념에
숨은 비밀

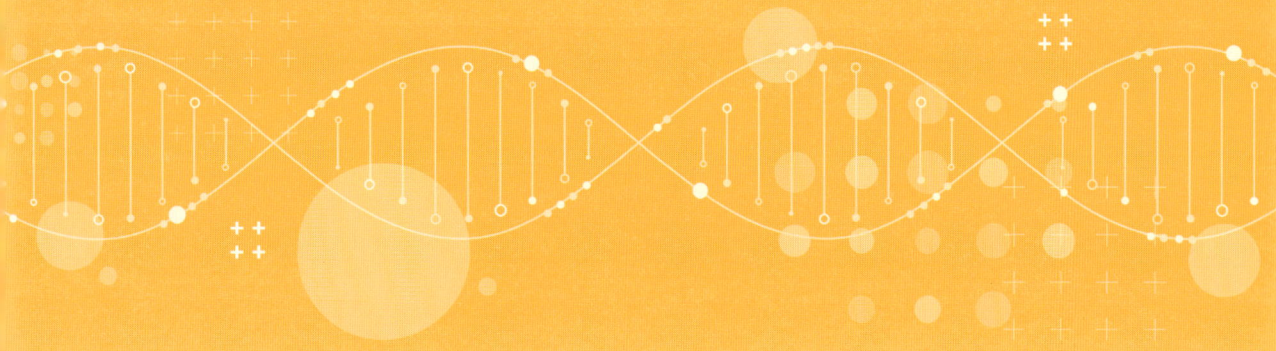

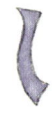

맛있는 요리는 양념 순서부터 다르다

뒤뜰 야영 요리 대회

금요일 수업이 모두 끝나고 6학년 아이들이 학교 뒤편 운동장에 모였어요.

"자, 지금부터 6학년 뒤뜰 야영을 시작합니다. 모둠별로 텐트 치고 각자 저녁 준비를 할 거예요. 각 모둠에서 만든 음식으로 '오늘의 요리'를 뽑는 거 알고 있죠?"

"와!"

담임선생님의 말이 끝나자 아이들 목소리가 학교 전체에 울려 퍼졌어요.

"각 모둠에서 한 명씩 나와 재료를 받아 가세요. 적어서 냈던 재료들이 다 있는지도 확인해 보세요."

채리가 선생님에게 고기와 채소 같은 식품을 받아 왔어요. 아이들이 직접 설치한 텐트 사이를 돌던 선생님은 채리네 모둠 쪽으로 왔어요.

"휴대용 버너는 위험할 수 있으니까 선생님이 도와줄게."

"네, 선생님! 그런데 우리 모둠 말고 불고기 만드는 팀이 또 있어요?"

제니가 선생님한테 물었어요.

"이번 요리 대회는 사회 과목에서 배운 내용을 연결 지어 해 보기로 했잖니. 세계에 알리고 싶은 한식 중에서 메뉴를 고르다 보니 생각보다 불고기 만드는 팀이 꽤 있던데?"

"정말요? 그럼 경쟁이 치열하겠는데요."

옆에서 재료들을 챙기던 나희가 말했어요.

"걱정 마, 우리 엄마가 만든 불고기 진짜 맛있거든. 내가 어깨너머로 얼마나 자주 봤는데. 검색까지 해 봤다고! 틀림없이 우리가 1등 할 거야."

평소에 무슨 일이든 지고는 못 사는 채리가 이번에도 자신만만하게 말했어요.

"맞아, 지난번에 채리네 집에 놀러갔을 때 채리 엄마가 만들어 주신 간식 진짜 맛있었잖아. 이번 요리 대회 1등은 무조건 우리 모둠이지!"

원영이도 맞장구를 쳤어요. 그러고는 제니와 함께 큰 그릇에 채소를 넣었어요.

나희는 프라이팬을 휴대용 버너 위에 올려놓았지요. 채리는 평소 엄마가 하던 것처럼 고기에 양념을 넣기 시작했어요.

"엄마가 고기에 갖은 양념을 넣고 조물조물 무치면 된댔어. 양념이 고루 배어야 맛있다고."

채리가 고기 위에 참기름부터 부었어요. 후추, 깨소금, 간장을 넣고 마지막으로 설탕을 덜어 넣었지요. 그러고는 양념한 고기와 채소를 프라이팬에 넣고 볶기 시작했어요. 그러자 불고기 익는 냄새가 솔솔 나기 시작했어요.

요리 대회의 우승은?

드디어 저녁시간이 됐어요. 샛별초등학교 뒤뜰 야영의 하이라이트인 요리 대회 심사가 시작된 거예요.

담임선생님이 마이크를 들고 이야기했어요.

"각 반에서 뽑힌 음식 네 가지가 여기 있어요. 각 반의 담임선생님들과 특별히 오늘 안전 도우미로 와 주신 부모님 네 분이 심사를 맡아 주실 거예요."

그때 제니가 채리의 팔을 툭 치며 말했어요.

"채리야, 너희 엄마 아니야?"

자리를 정리하던 채리는 그제야 선생님이 소개한 심사위원이 누구인지 보았어요. 아침에도 별다른 이야기가 없어서 엄마를 학교에서 볼 거라고는 생각도 못 했거든요.

"심사위원이 채리 엄마라니. 우리가 1등 하는 거 아니야?"

원영이와 나희는 벌써 1등이라도 한 것처럼 들떠 보였어요.

요리 대회 심사가 시작됐어요. 각 반에서 최고의 요리로 뽑힌 음식답게 다 맛있어 보였지요. 1반 대표로 뽑힌 채리네 모둠 불고기가 맨 앞에 놓였어요. 그런데 하필 2반 대표 음식도 불고기인 거예요. 채리는 당연히

1등을 할 거라고 생각했는데 심사가 시작되니 불안한 마음이 들었어요.

　드디어 심사 결과를 발표할 시간! 채리는 가슴이 두근거렸어요.

　담임선생님이 마이크를 다시 들었어요.

　"이번 요리 대회의 우승은 바로, 2반입니다. 모든 음식들이 맛있었지만 심사위원 모두 2반 불고기가 특히 부드럽고 달달해서 맛있다는 평가를 해 주었습니다. 자, 그럼 지금까지 만든 음식으로 맛있게 먹도록 해요. 다들 고생 많았어요!"

　채리는 실망했어요. 모둠 친구들의 눈에도 실망이 가득했지요. 그때

승부욕 강한 채리가 담임선생님에게 물었어요.

"선생님! 2반에서 만든 불고기 한번 먹어 봐도 될까요?"

"그래, 그럼 가서 한번 맛보렴."

채리는 2반에 찾아가 불고기를 한 입 먹어 보았어요.

"어? 정말 맛있네. 학교에서 준비해 준 재료를 똑같이 사용했는데, 우리가 만든 불고기랑 달라. 확실히 다른 비법이 있는 것 같아."

자기가 만든 불고기가 제일 맛있을 거라고 생각했던 채리도 2반 불고기를 인정할 수밖에 없었어요.

불고기 맛의 비밀

저 멀리서 채리 엄마가 다가왔어요. 채리는 엄마 얼굴을 보자 눈물이 핑 돌았어요.

"엄마가 만들어 준 불고기 진짜 맛있잖아. 그래서 그대로 만들었는데……."

울먹이는 채리의 등을 토닥이며 엄마가 말했어요.

"채리야, 불고기를 만들 때는 고기도 중요하지만 양념을 넣는 순서도 중요해."

"양념 순서가 있다고?"

엄마의 말에 채리의 눈이 번쩍 뜨였어요.

"응, 아까 고기에 양념을 할 때 어떤 순서로 무엇을 넣었는지 생각해 봐."

"그냥 눈에 보이는 것부터 넣었지. 참기름이 보이길래 참기름부터 넣은 것 같은데."

체리가 머쓱해하며 대답했어요.

"하하, 그랬구나. 이제야 알 것 같네. 불고기 만들 때는 고기에 설탕부터 넣어야지."

"설탕부터 넣는다고? 평소에 엄마도 여러 가지 양념을 그냥 넣는 줄 알았는데 순서가 있는 줄 몰랐어."

"설탕부터 넣으면 고기가 연해지고 양념이 잘 스며든 불고기를 만들 수 있어."

"그럼 어떤 걸 먼저 넣느냐에 따라 맛이 달라질 수 있다는 얘기네?"

"당연하지. 설탕의 분자량분자의 질량. 분자를 구성하는 원자의 원자량을 모두 더한 값이 커서 제일 먼저 넣어야 하거든. 그래야 다른 양념도 각각 제 역할을 하고 맛이 조화를 이루지."

채리는 양념할 때도 순서가 있다는 사실이 신기했어요. 더군다나 그 순서가 분자량에 따라 달라진다는 사실도요. 똑같은 재료로 만들었지만 맛이 다른 이유를 찾아낸 것 같았지요.

엄마는 채리를 한 번 안아 주고는 선생님들이 있는 곳으로 되돌아갔어요. 채리는 엄마의 뒷모습을 한참 동안이나 바라보았어요. 어쩌면 다음에는 더 맛있는 불고기를 만들 수 있을 것만 같았어요. 세계에 우리 한식을 알리는 사람이 될지도 모른다는 상상까지 하면서요.

그때 모둠 친구들이 채리를 불렀어요.

"채리야, 빨리 와, 저녁 먹자!"

줌 인: 불고기의 양념 순서

양념과 분자량

요리 대회에서 우승한 불고기 맛의 비밀

　음식을 만들 때 양념 넣는 순서는 매우 중요해. 여기에 맛의 비밀이 숨어 있지. 불고기를 만든다면 어떤 순서로 양념을 넣어야 할까?

　설탕 먼저 넣고 그다음에 간장을 넣어. 이렇게 넣는 이유는 바로 '분자량' 때문이야. 분자량이 큰 양념은 식재료에 흡수되는 시간이 오래 걸려서 먼저 넣어 줘야 해. 그래야 다른 양념과 함께 골고루 음식에 스며들어 조화로운 맛을 낼 수 있거든.

분자량에 따른 양념 순서와 역할을 알아보자

　설탕, 소금, 간장 등의 양념을 음식에 넣을 때 순서를 결정하는 기준이 바로 '분자량'이야. 분자량이 큰 순서대로 설탕 → 소금 → 식초 → 장류 된장, 고추장 등를 차례로 넣어 주는 것이 좋아. 조금 더 자세히 알아볼까?

　양념 중에 분자량이 가장 큰 건 설탕이야. 분자량이 크고 입자가 굵기 때문에 식재료에 흡수되는 데 시간이 오래 걸려. 또한 설탕은 식재료를 팽창시켜 부드럽게 해 주기 때문에 고기를 연하게 만들고 다른 양념과

맛이 어우러지도록 도와주지. 그래서 설탕을 제일 먼저 넣는 것이 좋아.

그다음은 소금이야. 소금은 식재료의 수분을 밖으로 내보내고 단백질을 단단하게 응고시키는 일을 해. 식재료에서 맛 성분이 빠져나가는 것을 막는 역할도 하지. 처음부터 소금을 넣으면 재료가 굳어서 맛이 잘 우러나지 않기 때문에 어느 정도 재료가 물러졌을 때 소금을 넣고 간을 하는 것이 좋아. 아무리 고급 식재료를 사용해도 간이 맞지 않으면 맛이 없겠지? 소금은 단순히 짠맛을 내는 것뿐 아니라 음식 속에서 다른 맛을 살려 주기도 하고 맛의 균형을 맞춰 주는 역할을 해.

세 번째로 들어가는 양념은 식초야. 식초도 소금처럼 단백질을 응고시키는 작용을 해. 식초의 신맛은 식욕을 돋구고 음식이 상하지 않도록 해 주지. 그리고 비린내를 없애 주기도 해. 다만 불로 가열하면 식초 특유의 신맛이 날아가는 특성이 있어.

마지막으로 간장이나 된장, 고추장 같은 장류를 넣으면 웬만한 음식의 맛 균형을 잘 맞출 수 있을 거야. 이처럼 음식에 양념을 넣는 데도 순서가 있다는 사실! 꼭 기억해.

분자량으로 본 화학

원자와 분자, 그리고 분자량

음식을 만들 때 분자량에 따라 양념을 넣는 순서가 달라진다는 사실, 이제 알겠지? 그렇다면 분자량이란 정확히 뭘까? 분자량을 잘 이해하기 위해서는 먼저 원자와 분자에 대해 알아봐야 해.

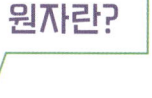

원자란?

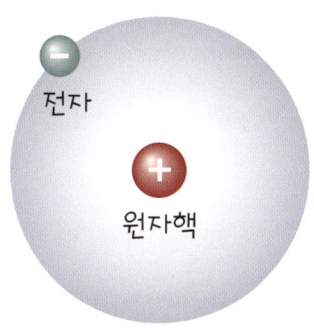

원자란 어떤 물질을 이루고 있는 가장 기본적인 입자로, 더 이상 쪼개지지 않는 가장 작은 알갱이야. 원자는 원자핵과 전자로 이루어져 있어.

분자란?

분자는 물질 고유의 성질을 가지고 있는 가장 작은 입자를 말해. 분자는 앞에서 알아본 것처럼 더 작은 단위인 원자가 모여서 만들어져. 이런 분자를 이해할 때 중요한 것은 바로 물질의 특성을 가지고 있는지 없는지를 살펴보는 거야.

분자는 우리 눈으로는 볼 수가 없어. 왜냐고? 너무 작기 때문이지.

우리가 매일 마시는 물H_2O의 분자는 산소 원자 1개, 수소 원자 2개가 모여 만들어져. 피자 만들 때 도우 반죽에서 효모가 발효되면서 생성되는 이산화탄소CO_2 분자는 탄소 원자 1개, 산소 원자 2개가 모여서 만들어져.

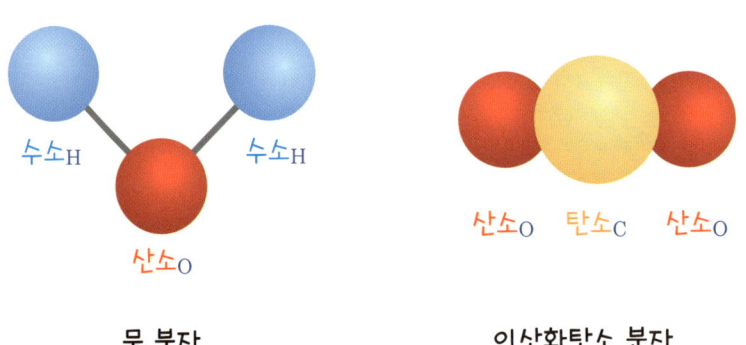

수소H 수소H

산소O

산소O 탄소C 산소O

물 분자   이산화탄소 분자

지금 이 순간 숨 쉴 때 필요한 공기, 매일 마시는 물, 우리 몸 역시 분자가 모여 만들어졌어. 우리가 살아가는 이 세상이 분자로 이루어져 있다고 해도 과언이 아니야. 더 쪼갤 수 없이 작은 원자가 모여 분자가 되고 그 분자가 모여 우리 세상에 존재하는 여러 가지 물질을 만드는 거야.

원자	분자
• 더 이상 쪼갤 수 없는 최소 입자 • 물질을 구성하는 기본 입자 • 물질 고유의 성질 없음	• 두 개 이상의 원자가 결합한 물질 • 물질 고유의 성질을 가지고 있는 가장 작은 입자

분자량은 뭘까?

분자량은 분자의 질량을 말해. 즉, 원자가 모여 만들어진 분자의 원자량을 모두 더한 값이 분자량이 되는 거야. 원자와 분자의 질량은 매우 작아서 일반적으로 사용하는 질량 단위인 '그램$_g$'으로 나타내는 것이 어려워. 그래서 탄소 원자의 원자량 12를 기준으로 이것과 비교한 값을 원자량으로 나타내는데, 이 또한 상대적 질량이기 때문에 단위를 쓰지 않아. 분자량 역시 원자량을 더해 구하기 때문에 단위가 없는 거야.

그렇다면 설탕의 분자량은 얼마일까? 설탕 분자는 탄소 원자^{원자량 12}

12개, 수소 원자^{원자량 1} 22개, 산소 원자^{원자량 16} 11개가 모여 만들어졌어.

그래서 설탕 분자를 구성하는 원자들의 원자량을 모두 합하면 342가 돼.

이게 바로 설탕의 분자량이야.

지식플러스+

물체와 물질

더 쪼갤 수 없는 존재인 원자가 모여 분자가 되고 그 분자가 모여 세상에 존재하는 여러 가지 물질을 만든다고 했죠? 그렇다면 물질은 무엇일까요? 문구점에서 볼 수 있는 공책, 줄넘기, 필통처럼 모양이 있고 공간을 차지하는 것을 '물체'라고 해요. 이 물체를 만드는 재료인 나무, 플라스틱, 금속 등이 바로 '물질'이에요. 이처럼 물체는 모양이 있고 공간을 차지하는 것을 말하는데, 이런 물체를 만드는 재료가 물질이랍니다.

알면 더 재밌는
분자의 세계

맛있는 분자 요리

분자 요리란?

'분자 요리'는 식재료의 분자 단위까지 분석해서 만든 요리를 말해.

망고 주스와 알긴산나트륨을 염화칼슘 용액에 넣으면 달걀 노른자 모양을 만들 수 있어. 이때 알긴산나트륨이 알긴산칼슘으로 바뀌면서 표면에 단단한 막이 생기지. 서로 섞이지 않고 동그란 모양의 젤리가 달걀 노른자처럼 만들어지는 거야.

여기에 우뭇가사리와 우유를 섞어 흰자도 만들 수 있어. 겉보기에는 달걀프라이 같지만 망고 맛과 우유 맛이 나는 전혀 다른 요리가 되는 거지.

또 물 온도를 일정하게 유지해서 진공 상태로 긴 시간 데우는 수비드 기법으로 촉촉하고 부드러운 닭가슴살 요리를 만들 수 있어. 수비드 기법은 진공저온조리법의 일종이야. 온도에 따른 단백질 변성 원리를 이용한 건데, 질겨지지 않고 맛과 영양을 보존할 수 있는 방법이지.

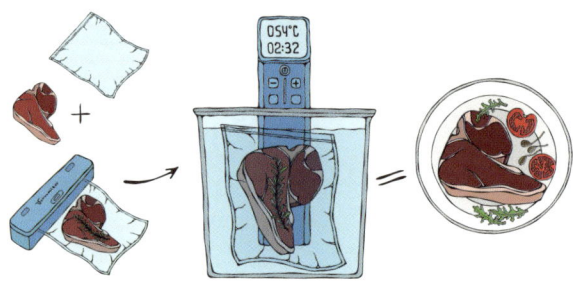

이처럼 다양한 과학적 원리를 이용해 식재료를 조리하면 새로운 모양과 맛을 창조해 낼 수 있어.

교과서 속 화학 키워드

 # 산소(O) 인간이 숨쉴 때 반드시 필요한 기체예요. 색, 냄새, 맛이 없으며 공기 중에 질소 다음으로 많죠. 금속을 녹슬게 하는 성질이 있고 물질이 타는 데 필요해요.

 # 이산화탄소(CO_2) 물질이 탈 때 생기는 기체예요. 냄새와 색이 없고 불을 끄게 하는 성질이 있어요.

제 2 장

수제 초콜릿 만들기

초콜릿의 녹는점은?

녹아 버린 초콜릿

두근두근! 하얀 종이를 손에 쥔 민우의 가슴이 콩닥거렸어요.

'누굴까?'

민우는 떨리는 마음을 참고 접힌 종이를 펼쳤어요. 하얀 종이 위에 까만 글씨가 드디어 모습을 드러내는 순간!

'이유정!'

세 글자가 보였지요. 민우는 하마터면 크게 소리를 지를 뻔했어요.

'이건 분명 운명이야. 유정이가 내 마니토라니!'

민우는 기쁜 마음을 감출 수가 없었어요.

그렇게 유정이의 비밀 친구가 된 민우는 초콜릿을 선물하기로 했어요. 어제 하굣길에 학교 앞 문구점에서 예쁜 하트 모양 초콜릿을 샀거든요.

쉬는 시간을 알리는 종이 울리자 민우는 유정이 책상 서랍에 몰래 초콜릿을 가져다 놓으려고 했지요. 마니토를 뽑을 때처럼 가슴이 두근거렸어요.

유정이가 자리를 잠깐 비운 사이 얼른 가져다 놓으려고 가방에 손을 넣어 막 초콜릿을 꺼낼 때였어요. 물컹한 것이 만져졌어요. 손도 축축했어요.

'어? 이상하네.'

뭔가 느낌이 안 좋아서 가방을 열고 자세히 보니 초콜릿이 녹아서 뭉그러져 있었어요. 아침에 엄마가 가방에 넣어 준 핫팩도 초콜릿이 묻어 엉망이 되었지요.

민우 얼굴도 덩달아 일그러졌어요.

직접 만들어 볼까?

"민우야! 무슨 일 있어? 왜 그렇게 기운이 없어?"

민우가 잔뜩 풀이 죽어 집에 들어오자 이모가 물었어요.

"아무것도 아니야."

시무룩한 얼굴을 하고 방으로 들어가는 민우를 이모가 따라 들어왔
어요.

"아무것도 아니긴, 무슨 일 있는 것 같은데? 이모한테 말해 봐."

"흠, 사실 오늘 유정이한테 초콜릿 선물해 주려고 했는데 다 녹아 버
렸어."

"뭐? 초콜릿이 다 녹았다고? 어디에 뒀는데?"

"어디긴 어디야? 가방 안에 넣어 놨지. 그렇지 않아도 아침에 춥다고 엄마가 준 핫팩도 초콜릿이 묻는 바람에 버렸어."

"아, 이제 알겠네. 우리 민우의 고백이 실패한 이유를 말이야. 호호."

"그 이유가 뭔데?"

"초콜릿의 녹는점 때문이지. 딱딱한 모양의 초콜릿이 입속에 들어가면 사르르 녹으면서 형태가 없어지잖아. 이렇게 초콜릿은 사람 체온 정도의 온도에서 녹는데 그보다 따뜻한 핫팩과 함께 두었으니 그런 일이 벌어진 거야."

"아하, 그렇구나. 계획을 망쳤다는 생각만 하고 있었는데, 초콜릿의 녹는점 때문에 벌어진 일이었다니!"

"걱정하지 마. 이 이모가 누구야? 요리 선생님이잖아. 이모한테 좋은 생각이 있어. 이번에는 민우가 직접 수제 초콜릿을 만들어서 선물하는 거야. 어때? 오늘 녹아 버린 초콜릿보다 수제 초콜릿이 유정이한테는 훨씬 감동일걸?"

"내가 직접 초콜릿을 만든다고? 어떻게?"

"자자, 그렇지 않아도 밸런타인데이 때 수제 초콜릿 만들기 수업 하려고 준비해 둔 재료가 있어. 지금 같이 만들어 볼래?"

"응, 해 볼래. 이모! 직접 만들어서 주면 내 마음과 정성이 훨씬 많이 들어가서 유정이가 더 좋아하겠지?"

"그럼! 손 씻고 부엌으로 와. 너희 엄마 저녁 준비하기 전에 얼른 만들자."

다시 전해 보는 마음

이모는 수제 초콜릿 만들기용 재료를 조리대에 올려놓았어요.

"오늘 만들 초콜릿은 '파베 초콜릿'이야. '생 초콜릿'이라고도 해. 스위스에서 처음 만들기 시작했는데 벽돌처럼 생겼다고 해서 벽돌을 의미하는 프랑스어 '파베'가 이름에 붙었대. 가장 먼저 초콜릿을 녹일 거야. 자, 한번 해 봐. 민우야."

"응, 그런데 이러면 초콜릿으로 초콜릿을 만드는 거네. 난 또 특별한 재료가 있는 줄 알았지."

"그래, 그렇게 생각할 수도 있겠다. 초콜릿의 원료는 카카오 열매인데 그걸 가공해 초콜릿을 만드는 거야. 지금 우리가 녹이려는 초콜릿은 마트에서 파는 초콜릿보다 조금 더 순수한 초콜릿이라고 할까? 카카오 버터와 카카오 매스, 설탕만 넣고 만든 초콜릿이라 수제 초콜릿을 만들 때

기본 재료로 쓰여."

"아하, 수제 초콜릿을 만들기 위해서는 제일 먼저 초콜릿을 녹여야 하는 거네."

"그렇지. 아까 말한 것처럼 초콜릿은 녹는점이 사람의 체온 정도로 낮아. 그래서 더운 날씨에 손에 쥐고만 있어도 다 녹아 버리기도 하지. 우리는 지금 새로운 모양을 만들어야 하니까 일단 녹는점 온도에서 초콜릿을 녹여야 해. 참, 이때 중요한 건 직접 냄비를 가열하면 안 되고 중탕

을 하는 거야. 녹는점이 낮아서 은근한 불에 녹여야 해. 불에 직접 가열
하면 금세 타 버릴 수 있거든."

"그래서 이렇게 냄비 안에 또 그릇을 넣고 녹이는구나. 어? 이모! 계
속 저으니까 녹아서 액체가 됐어."

"우리 민우, 아주 잘하네? 다음엔 초콜릿 맛을 더 부드럽게 해 줄 생크
림을 넣을 차례야."

민우는 생크림까지 넣고 초콜릿을 계속 저었어요. 초콜릿을 받고 좋

냉장 2~3시간

완   성 !!!

아할 유정이의 얼굴을 떠올리면서요.

"다 된 것 같아. 이제 이 사각 틀 안에 초콜릿을 붓고 굳히기만 하면
돼. 냉장고에 두세 시간 정도 넣어 놓으면 될 거야."

민우는 조심스레 사각 틀 안에 초콜릿을 부었어요.

얼마 후 저녁을 다 먹은 민우는 초콜릿이 얼마만큼 굳었나 궁금했어
요. 그래서 냉장고를 열어 보았지요. 액체였던 초콜릿이 딱딱하게 변해
있었어요.

"이모! 다 된 것 같아."

"그러게. 아주 잘 굳었네. 초콜릿이 이렇게 녹는점보다 낮은 온도에
있으면 딱딱하게 굳어서 고체가 되는 거야. 그런 성질을 이용해서 다양
한 모양의 초콜릿을 만들 수 있는 거고."

"와, 그럼 초콜릿은 모양을 마음대로 바꿀 수 있네? 변신 천재구나!
나는 얼굴 천재, 초콜릿은 변신 천재!"

"하하. 그러네, 잘생긴 우리 민우처럼 초콜릿은 변신 천재네."

민우는 사각 틀에서 초콜릿을 떼어 내고 사각형 모양으로 잘랐어요.
그리고 코코아 가루를 묻혔지요.

"이제 다 됐어. 민우야, 맛이 어떤지 네가 한번 먹어 봐."

"와! 진짜 입안에서 살살 녹아. 내가 만들어서 그런가? 엄청 부드럽고

맛있는데."

"그치? 오늘 유정이한테 전하지 못한 그 초콜릿보다 훨씬 맛있을 거야. 이제 상자에 넣어 예쁘게 포장만 하면 되겠다."

"고마워, 이모!"

민우는 상자에 직접 만든 초콜릿을 넣고 예쁜 리본으로 포장했어요. 내일 학교에 가면 유정이에게 이 초콜릿으로 마음을 전해야겠다고 생각하면서요.

줌 인: 초콜릿의 모든 것

초콜릿의 정체

초콜릿은 달기만 한 식품일까?

흔히 초콜릿을 달기만 한 당 덩어리라고 생각하는 경우가 많아. 정말 그럴까? 그렇지 않아. 초콜릿은 카카오 반죽에 우유, 버터, 설탕 등을 섞어서 만드는데 의외로 여러 가지 영양소가 들어 있어.

우유나 첨가물에 따라 약간 차이가 나긴 하지만 탄수화물이 55~62%, 지방이 30%, 단백질은 2~9% 들어 있고 이 외에도 마그네슘, 철분, 칼슘, 칼륨, 인, 그리고 비타민까지 들어 있다는 사실!

초콜릿을 많이 먹고 살이 찌는 이유는 초콜릿의 열량이 높기 때문이야. 고열량 식품이라 초콜릿을 너무 많이 먹으면 비만이 될 수 있지만 한편으로는 아주 조금만 먹어도 우리 몸이 힘을 낼 수 있도록 해 주니 갑자기 힘을 쓸 일이 생길 때 먹거나 비상용으로 챙겨 놓으면 좋아.

　이뿐만 아니라 초콜릿에는 각성 효과를 내는 테오브로민이 들어 있고 항산화 효과가 있는 플라보노이드와 폴리페놀도 들어 있어. 플라보노이드는 몸속에서 피가 잘 흐를 수 있도록 해 주고 혈압을 낮춰 줘. 폴리페놀은 나쁜 콜레스테롤인 LDL을 낮춰 줘서 동맥경화를 막는 역할을 해.

　이처럼 초콜릿에 포함된 물질이 약 300여 종류에 달하고 그 기능도 많다고 하니, 초콜릿을 달기만 한 식품이라고 얕보면 안 돼.

카카오 열매에서 태어난 초콜릿 가족

마트에 진열된 초콜릿만 봐도 그 종류가 아주 다양하다는 걸 알 수 있어. 초콜릿은 멕시코, 브라질, 서부아프리카 등에서 주로 나는 카카오 열매를 가공해서 만드는데 성분에 따라 초콜릿을 세 가지 정도로 분류할 수 있어. 그럼 카카오 열매에서 태어난 초콜릿 가족을 한번 알아보자.

먼저, 초콜릿의 원재료인 카카오 함량이 가장 높은 '다크 초콜릿'을 알아볼까? 다크 초콜릿은 카카오 버터, 카카오 매스, 설탕 등을 섞어 만들어. 카카오가 50% 이상 들어 있고 단맛은 그렇게 강하지 않아.

'밀크 초콜릿'은 카카오 매스의 양을 줄이고 우유를 더 넣은 초콜릿이야. 우유가 섞였으니 다크 초콜릿보다 맛이 조금 더 부드럽고 색도 더 연해. 우리가 주로 먹는 초콜릿은 밀크 초콜릿인 경우가 많아.

마지막으로 '화이트 초콜릿'은 카카오 버터, 설탕, 우유를 많이 넣고 만든 초콜릿이야. 다크 초콜릿과 밀크 초콜릿에 들어가는 카카오 매스가 들어가지 않아서 흰색을 띠는 거지.

그렇다면 빨간색, 파란색, 노란색 초콜릿은 어떻게 만들까? 이런 색깔의 초콜릿은 화이트 초콜릿에 색소를 넣어서 원하는 색으로 굳혀서 만들

어. 앞으로 초콜릿을 살 때 어떤 초콜릿인지 확인해 보는 것도 재미있을

거야.

지식플러스+

우울할 때 초콜릿을 먹으면 정말 기분이 좋아질까?

초콜릿에는 정말 많은 물질이 들어 있어요. 초콜릿을 먹으면 이런 물질들
이 우리 몸 안에서 여러 작용을 해요. 그중에 페닐에틸아민이라는 물질은
사랑의 감정을 느낄 때 뇌에서 분비되는 신경전달물질이에요. 페닐에틸
아민이 뇌로부터 도파민을 많이 분비하게 만들어 기분을 좋게 하는 거죠.
그렇다고 무작정 많이 먹으면 안 돼요.

밀크 초콜릿은 열량도 많고 당도 많이
포함되어 있기 때문에 당뇨병
환자나 비만인 경우에는 섭
취할 때 주의해야 해요.
그래서 우울한 기분을 좋
아지게 하려면 카카오 함
량이 높은 다크 초콜릿을
먹는 것이 더 좋아요.

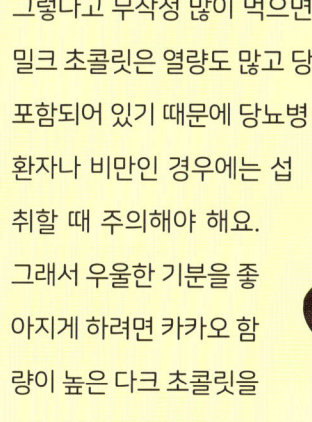

물질 변화로 본 화학

물질은 어떻게 변할까?

물질의 상태에 대해 알아보자

우리 주변의 물질은 대부분 고체, 액체, 기체 상태로 이루어져 있어.

고체는 눈으로 볼 수 있고 딱딱하며 각각의 모양이 있어. 밥을 먹을 때 사용하는 숟가락, 젓가락이나 공부할 때 사용하는 플라스틱 필통, 연필 등이 그렇지. 초콜릿도 입에 넣기 전에는 모양이 있고 딱딱하지. 바로 그 상태가 고체야.

액체는 어디에 담기느냐에 따라 모양이 변하고 흘러내리지만 양은 변하지 않는 상태의 물질이야. 물, 음료수, 우유, 식초, 간장 등이 액체지.

기체는 일정한 형태가 없고 만질 수도 없어. 그래서 기체를 그릇에 가득 담는다고 해도 우리 눈으로는 볼 수 없지만 과자 봉지처럼 기체를 넣고 밀봉한다면 그만큼 기체의 양을 가늠할 수는 있어. 이렇듯 숨 쉴 때 필요한 산소, 과자 봉지에 들어 있는 질소 등이 바로 기체야.

온도에 따른 물질의 상태 변화

대부분의 물질은 고체, 액체, 기체 상태인데 한 가지 상태로만 있지 않아. 고체인 초콜릿이 입속에 들어가면 액체로 변하는 것처럼 얼마든지 다른 상태로 변할 수 있어. 이렇게 물질 자체가 변하는 것은 아니지만 물질의 상태가 변하는 것을 '물질의 상태 변화'라고 해. 물질의 상태는 온도와 압력에 따라 변하는데 물 끓일 때를 한번 생각해 봐. 액체인 물을 가열하면 수증기가 되어 기체로 변하게 되고, 액체 상태의 물을 냉동실에 넣으면 딱딱한 얼음으로 변해. 온도가 물을 변신시키는 거야.

◆ 물질의 상태 ◆

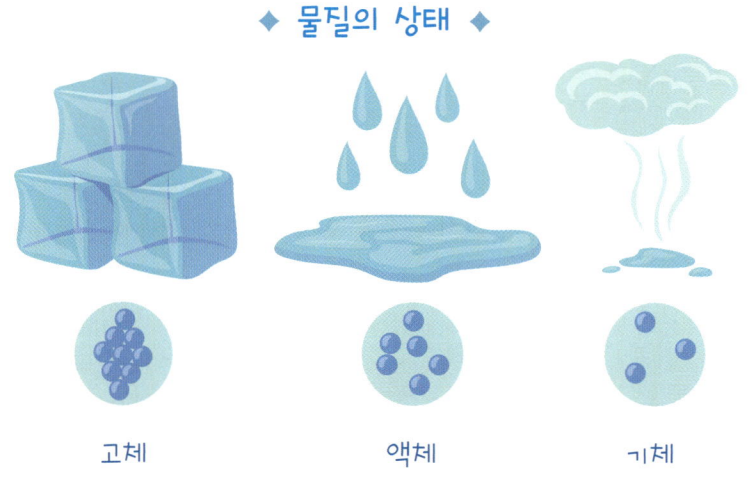

고체   액체   기체

녹는점, 끓는점, 어는점

고체 상태의 초콜릿을 입안에 넣으면 그대로 녹아서 액체가 되는데, 이때 초콜릿이 녹는 온도를 '녹는점'이라고 해. 초콜릿의 종류에 따라 차이가 있는데 우리가 시중에서 사 먹는 초콜릿의 녹는점은 28℃~36℃ 사이야. 그래서 이 온도 이하에서 유통되고 판매된다고 해.

액체인 물이 끓어서 기체인 수증기가 될 때의 온도는 '끓는점'이라고 해. 그리고 액체인 물이 냉동실에서 고체인 얼음으로 변할 때의 온도를 '어는점'이라고 하지.

또한 물질마다 끓는점과 녹는점, 어는점이 달라. 가령 에탄올의 끓는점은 78.3℃이고 녹는점과 어는점은 -114.1℃야. 철의 끓는점은 2861℃이고 녹는점과 어는점은 1538℃야.

한편 양에 상관 없이 같은 종류의 순물질일 때 녹는점은 서로 같아. 이에 따라 같은 순물질이라면 어는점도 서로 같고, 끓는점 역시 서로 같지. 물이 0℃에서 얼음이 되고 다시 녹는 것에서 알 수 있듯이 특정한 물질의 녹는점과 어는점은 같기도 해.

다만 한 가지 성분의 순물질이 아닌 여러 성분이 섞인 혼합물의 경우, 같은 혼합물일지라도 성분 물질에 따라 각각의 녹는점, 어는점, 끓는점은 일정하지 않아.

지식플러스+

고체도 액체도 기체도 아닌 물질이 있을까?

고체도 액체도 기체도 아닌 물질이 있을까요? '겔gel' 상태와 '플라스마 plasma' 상태의 물질이 있어요. 겔 상태의 물질은 액체보다는 단단하지만 고체만큼 딱딱하지는 않아요. 고체도 아니고 액체도 아닌 상태인 거죠. 푸딩이나 젤리가 대표적인 예라고 할 수 있어요. 플라스마는 기체를 높은 온도에서 가열해 기체 분자가 여러 입자로 나뉜 상태를 말해요. 번개나 오로라 현상이 자연에서 볼 수 있는 플라스마 상태이고, 형광등, 네온사인 등은 이 플라스마 현상을 이용한 기술이에요.

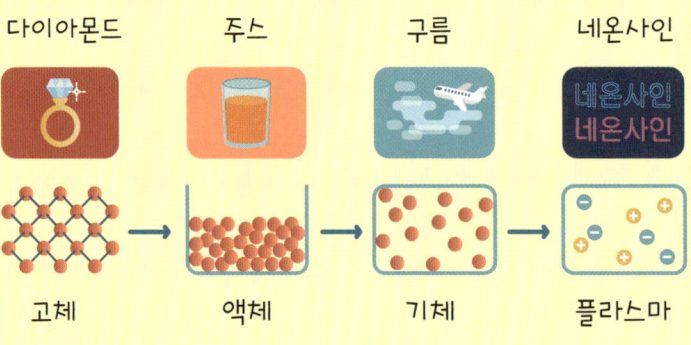

알면 더 재밌는
물질의 세계

고체와 액체, 그리고 기체

아이스크림과 드라이아이스

우리 주변에서 물질의 상태가 바뀌는 현상은 흔하게 볼 수 있어.

아이스크림을 냉동실에서 꺼내 녹이면 고체에서 액체로 상태가 변하지. 또 액체에서 기체가 되는 경우도 있어. 젖은 빨래를 건조대에 넣어 놓으면 마르거나, 머리를 감은 후 헤어드라이기로 따뜻한 바람을 쏘이면 머리카락이 마르는 것도 액체에서 기체로 상태가 변화하는 거야.

그렇다면 고체에서 바로 기체로 변하는 물질은 없을까? 드라이아이스를 떠올리면 돼. 드라이아이스는 고체 상태의 이산화탄소인데 실온에 두면 크기가 점점 작아지다가 나중에는 기체로 변하거든.

교과서 속 화학 키워드

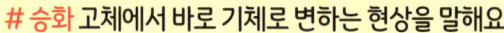

 # 기화 액체에 열을 가하면 기체로 변하는 현상을 말해요.

 # 승화 고체에서 바로 기체로 변하는 현상을 말해요.

 # 액화 기체가 냉각, 압축되어 액체로 변하는 현상을 말해요.

 # 응고 액체가 냉각되어 고체로 변하는 현상을 말해요.

제 3 장
달고나 만들기는
재밌어

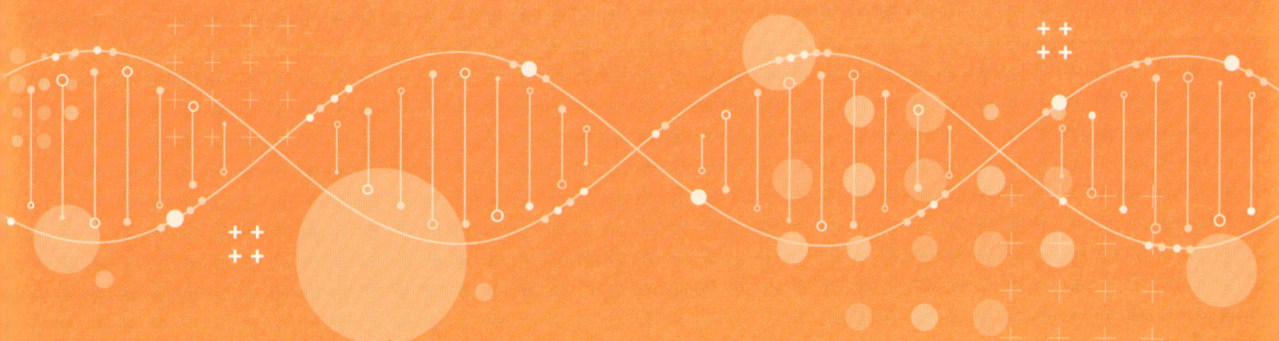

달고나가 된 설탕

달고나는 바람을 타고

"킁킁, 이게 무슨 냄새지?"

시우는 가족들과 참외 축제에 놀러 왔어요. 그런데 어디선가 아주 달콤한 냄새가 나는 것 같았어요.

"무슨 냄새가 난다고 그래?"

엄마는 아무 냄새도 안 나나 봐요.

몇 번 더 킁킁대며 냄새를 맡던 시우가 사람들로 꽉 찬 축제 행사장에서 가족들에게 큰 소리로 말했어요.

"생각났어. 이 냄새 말이야. 달고나 냄새야. 여기 어디 달고나 체험 부스가 있는 것 같아. 시현아, 우리 달고나 만드는 데 찾아보자."

"달고나라고? 달고나는 못 참지. 같이 가. 오빠!"

"엄마랑 아빠는 아까 지나친 저 부스에서 참외 사서 갈게. 너무 멀리 가진 말고."

엄마 아빠와 헤어진 시우와 시현이는 달고나 체험 부스를 찾아 나섰
어요. 사람들 틈으로 걸어 나가던 시우와 시현이 눈앞에 정말로 달고나
체험 부스가 보였어요.

"오빠! 진짜 있네. 여기야, 여기!"

"거봐, 내 말이 맞지? 내가 음식 냄새 하나는 기막히게 맡는다니까."

체험 부스 앞에는 어른, 아이 할 것 없이 많은 사람들이 줄을 서 있었
어요. 안내문에는 달고나 뽑기에 성공할 경우 시우가 제일 좋아하는 피
자 한 판 쿠폰도 준다고 쓰여 있었어요.

시우는 긴 대기 줄에도 아랑곳하지 않고 달고나 뽑기에 꼭 성공해야 겠다고 생각했어요. 지루한 기다림 끝에 드디어 시우와 시현이 차례가 되었어요.

못난이 뽑기

시우는 완성된 달고나에 찍힌 모양대로 우산, 별 같은 모양을 잘라 본 적은 있지만 이렇게 직접 만들어 본 적은 없었어요. 막상 시우 차례가 되자 제대로 만들 수 있을지 걱정이 되었어요. 그래서 체험 부스 안내원 아저씨에게 도움을 청했지요.

"아저씨, 만드는 법 좀 알려 주세요."

"자, 불을 사용해야 하니까 위험할 수 있어. 먼저 이렇게 설탕을 녹이고 소다를 넣은 다음 이걸 부어서 식히면 돼. 그리고 원하는 모양으로 꾹 눌러 찍으면 끝이란다."

"아, 괜히 걱정했네. 엄청 쉽네요. 시현아, 이 오빠가 멋지게 성공할 테니 잘 봐."

"에이, 오빠는 처음 만들어 보잖아. 나는 방과 후 수업 시간에 한 번 해 봤어."

"그래? 그래도 오빤데 너보다 잘 만들걸?"

시우는 시현이에게 큰소리를 치고 달고나를 만들기 시작했어요. 시현이는 침착하게 설탕을 저어 가며 녹이기 시작했어요. 시우도 설탕을 작은 국자에 넣고 녹이기 시작했지요. 동생에게 지고 싶지 않았던 시우는 더 빨리 만들고 더 잘 만들고 싶었어요. 시우는 계속 시현이의 달고나를 곁눈질했지요.

"오빠, 그만 좀 쳐다보고 오빠 거나 만들어."

"내가 언제 봤다고 그래. 나는 알아서 잘하거든?"

시현이 달고나는 벌써 갈색으로 변하면서 부풀어 오르기 시작했어요. 마음이 급해진 시우는 다시 시현이 쪽을 흘깃 보았지요. 그런데 벌써 스테인리스 판에 갈색으로 변한 설탕 시럽을 붓고 있는 게 아니겠어요?

시우는 한발 늦었다고 생각했어요. 이대로 가면 시현이 달고나가 먼저 완성될 것 같았거든요. 지고 싶지 않았던 시우는 설탕 시럽을 다짜고짜 스테인리스 판에 부었어요.

잠시 후 시현이가 모양 틀을 집어 들고 꾹 누르자 별 모양 달고나가 완성됐어요.

"어? 그런데 내 건 왜 이러지?"

시현이의 달고나는 설탕 시럽을 스테인리스 판에 붓고 누르자 서서히 굳어 갔는데 시우의 달고나는 시간이 지나도 부풀지도 않고 색도 그대로인 거예요. 마침 시우 뒤에서 차례를 기다리던 아이가 떼를 부리기 시작했어요. 시우의 마음이 급해졌지요.

"오빠, 뭐 해? 나는 다 만들었지롱. 헤헤. 엄청 맛있어."

"내 것도 금방 될 거야. 치."

하지만 시우가 스테인리스 판에 부은 설탕 시럽은 여전히 그대로였어요. 시우의 이마에서 땀이 주르륵 흘렀어요.

으아앙

시우가 놓친 그것

"으아앙! 나도 만들고 싶단 말이야. 얼른 하고 싶단 말이야. 엉엉."

시우 뒤에서 기다리던 아이가 결국 울음을 터트렸어요. 아무리 기다려 봐도 스테인리스 판 위의 달고나는 시현이가 만든 것처럼 변하지 않았어요.

"어? 오빠! 달고나 색깔이 왜 그래? 크기는 왜 이렇게 작지?"

"그러게, 내 것만 왜 그런 거지?"

그때 안내원 아저씨가 시우 옆으로 왔어요.

"아저씨, 동생 건 잘 만들어졌는데, 이건 왜 이런 거예요? 아무리 생각해도 똑같이 만든 것 같은데."

"어디 보자. 이런, 소다를 안 넣었구나."

"네? 소다요?"

"그래, 아까 내가 설명할 때 이 소다를 넣으라고 했잖니. 소다를 안 넣으면 이렇게 부풀지 않아서 모양 틀을 눌러 만들 수가 없지. 설탕이 녹았다 굳으니 딱딱하기만 하고."

시우는 그제야 시현이를 신경 쓰느라 소다 넣는 것을 깜빡했다는 걸 깨달았어요. 하지만 대기 줄이 길어 다시 만들 수 없었지요. 시우는 볼

품없는 달고나를 들고 자리에서 일어날 수밖에 없었어요.

  시우는 아무리 생각해도 너무 아쉬웠어요. 다시 대기 줄 맨 끝으로 가

서 섰지요. 그때 참외를 사러 갔던 엄마 아빠가 시우와 시현이를 찾아왔

어요.

  "아까부터 줄 선 거 아니야? 여태 못 만들었어?"

"아빠, 그게 아니고……."

시현이가 먼저 나서서 말했어요.

"오빠, 다시 만드는 거야."

"왜? 두 개나 만들려고?"

"아니, 소다를 안 넣어서 망쳤어. 이번에는 진짜 제대로 만들어서 뽑기까지 성공할 거야. 뽑기 성공하면 피자 쿠폰도 준다고 했단 말이야."

"아하, 그랬구나. 소다를 안 넣으면 당연히 달고나가 안 만들어지지."

"아빠도 알고 있었어? 도대체 소다가 뭐야?"

"저기 있는 하얀색 가루가 바로 소다야. 음식 만들 때 팽창제로 많이 쓰여. 달고나 만들 때는 설탕 시럽에 소다를 넣으면 분해 반응이 일어나면서 이산화탄소와 물이 생기지. 이때 생긴 이산화탄소 때문에 설탕 시럽이 부풀어서 부드러워지는 거야. 그때 모양 틀로 재밌는 모양을 찍는 거고. 응고 현상에 의해 딱딱하게 굳으면 비로소 맛있는 달고나가 되는 거야."

시우는 아빠의 설명을 듣고 고개를 끄덕였어요. 이번에야말로 정말 맛있고 멋진 모양의 달고나를 만들 수 있을 것 같았어요.

줌 인: 달고나의 원리

달고나는 어떻게 만들어질까?

달고나는 무엇으로 만들지?

입에 넣고 씹으면 바사삭 부서지며 녹는 달고나는 무엇으로 만들지? 바로 설탕이야. 설탕은 탄소와 수소, 그리고 산소로 이루어진 흰색 가루 형태인데, 사탕수수나 사탕무로 만들어. 자연에서 찾을 수 있는 단맛 양념이지.

사탕수수는 인도에서 시작해 오늘날에는 열대 지역에서 재배되고 있어. 사탕무는 유럽에서 주로 재배하고 있지. 이렇게 얻은 설탕은 우리가 사 먹는 사탕, 과자, 음료수 등 셀 수 없이 많은 식품에 쓰이고 있어.

설탕은 단맛 내는 역할 말고도 과일이나 채소 등을 오래 보관할 때도 쓰여. 이것을 '당장법'이라고 해. 잼이나 과일청을 만들 때 바로 이 당장법을 이용해. 유자청을 만들 때, 유자를 넣은 병에 설탕을 넣고 꾹꾹 눌러. 그런 다음 공기를 빼 주고 뚜껑을 닫으면 설탕이 유자의 수분을 빼앗거든. 그럼 물을 모두 빼앗긴 유자에서는 미생물이 살 수가 없어. 미생물이 자라지 못하니 음식이 쉽게 상하지 않겠지? 이게 바로 당장법의 원리야.

달콤한 맛도 내고 식품을 오래 보관할 수도 있게 해 주는 고마운 설탕이지만 너무 많이 먹으면 비만과 충치를 발생시키고 성인병에 걸릴 수 있으니 조절할 필요도 있어.

달고나는 왜 부풀어 오를까?

시우가 만든 달고나는 왜 시현이의 달고나처럼 부풀지 않았을까? 시현이는 설탕을 다 녹이고 소다를 넣었는데 시우는 소다를 안 넣었어.

달고나를 만들 때 불 위에 국자를 올리고 설탕 시럽을 만든 다음 소다 탄산수소나트륨, $NaHCO_3$를 넣어. 그럼 분해 반응이 일어나면서 이산화탄소CO_2가 만들어져. 이때 생긴 이산화탄소가 밖으로 빠져 나가려고 하는 성질 때문에 설탕 시럽이 부풀어 오르게 되는 거야.

시우가 좋아하는 피자를 만들 때도 이산화탄소가 중요한 역할을 해. 피자 반죽은 밀가루 반죽에 효모를 넣어 발효시켜 만드는데 이때 이산화탄소가 생기거든. 이산화탄소는 밀가루 반죽 안에서 밖으로 빠져 나가려고 하기 때문에 반죽이 부풀어 오르는 거야. 효모로 발효시켜 만드는 빵에서 이런 현상을 볼 수 있어.

단맛 내는 또 다른 물질! 인공 감미료

설탕은 천연 감미료예요. 그런데 식품에 쓰이는 감미료 중에는 설탕처럼 자연에서 얻은 것이 아니라 화학적으로 합성해서 만든 감미료가 있어요. 이런 감미료를 인공 감미료라고 해요. 천연 감미료인 설탕은 너무 많이 섭취할 경우 충치, 비만, 당뇨 등이 생길 수 있어요. 그래서 설탕 섭취의 단점을 보완하고 보다 적은 양으로도 충분히 단맛을 내면서 설탕보다 훨씬 낮은 열량을 내는 인공 감미료가 개발되었어요. 세계에서 가장 오래된 인공 감미료는 사카린이에요. 사카린은 설탕보다 300배에서 500배나 더 단맛을 내는 물질이에요. 1879년 미국 존스홉킨스 대학의 화학자인 콘스탄틴 팔베르크는 어느 날 '타르tar'에 포함된 화학 물질의 산화 반응을 연구하다가 사카린을 발견하게 되었어요. 실험 중 손에 묻은 물질이 단맛을 낸다는 사실을 알게 되면서 그 단맛의 정체를 밝혀 낸 거지요. 그것을 계기로 사카린이 개발된 거예요. 그 이후 미국은 사카린을 정식으로 생산했고 우리나라에도 수입되어 판매되다가 몸에 해롭다는 이야기가 퍼지면서 한때 사용이 금지되기도 했었지요. 지금은 세계 여러 나라에서도 사카린을 다시 허용하고 있어요. 우리나라 '식품첨가물공전'은 사카린을 인공 감미료로 규정하고 젓갈류, 절임류, 김치, 음료 및 기타 30여 가지 식품에 정해진 용량을 사용하도록 기준을 정해 두었어요. 이 외에도 시클라메이트, 둘신, 아스파탐 등의 인공 감미료가 있어요. 그중 시클라메이트, 둘신은 암을 일으킬 수 있다는 연구 결과가 나오면서 현재는 식품에 사용하는 것을 금지하고 있어요.

용해와 융해로 본 화학

설탕의 변신과 캐러멜화

용해와 융해

용해와 융해! 비슷한 단어라 헷갈릴 수 있어. 용해와 융해가 무엇인지 조금 더 자세하게 알아볼까?

설탕을 물에 넣어 잘 저어 주면 설탕 알갱이가 물에 완전히 녹게 돼. 설탕물이 되는 거지. 이처럼 두 물질이 균일하게 섞이는 것을 '용해'라고 해. 설탕물이 담긴 그릇의 윗부분과 아랫부분은 농도가 같게 되지.

이러한 용해를 이해할 때 주의할 점은, 단순히 두 가지 물질이 서로 섞여 있다고 해서 용해라 부르지 않는다는 거야. 모래와 물을 섞으면 모래와 물이 담긴 그릇의 아랫부분에는 모래가 잔뜩 모여 있고 윗부분은 물만 존재하는 상태가 될 거야. 이런 경우는 용해된 게 아니야. 두 물질이 단순히 섞인 것이 아니라, 설탕물처럼 고르게 섞여서 어느 부분이든 농도가 같을 때 비로소 "용해되었다"라고 말해. 한편, '융해'는 고체가 액체 상태로 변하는 걸 가리켜.

그러면 시우가 달고나 만들 때 설탕을 녹여 설탕 시럽을 만든 것은 용해일까, 융해일까? 그래, 바로 융해야. 고체인 설탕이 액체인 설탕 시럽으로 바뀌었으니까 이때 설탕의 변신은 융해라고 할 수 있어. 이처럼 달고나는 설탕을 가열할 때 녹는 융해와 소다를 넣었을 때 부풀어 오르는 열분해의 과정을 거쳐 만들어지지.

캐러멜화 반응

달고나 만들 때 흰색 설탕이 융해되어 투명한 설탕 시럽이 되었다가 계속 가열할수록 점점 더 진한 갈색으로 변하는 것을 볼 수 있을 거야. 이처럼 설탕이 열에 의해 갈색으로 변하면서 단 냄새가 나는 것을 '캐러멜화' 반응이라고 해. 당이 들어 있는 식품을 가열해 조리할 때 일어나는 변화로, 캐러멜화 반응이 일어나면 단맛과 풍미가 생기게 돼.

다만 캐러멜화 반응이 너무 진행되면 단맛보다는 쓴맛이 강해지고 탄 냄새가 나기도 해서 주의해야 해. 식품에 들어 있는 당의 종류에 따라 캐러멜화가 일어나는 온도가 각기 다르거든. 설탕은 160℃ 부근에서 캐러멜화 반응이 일어나기 시작해. 과당은 110℃, 포도당 160℃, 유당은 203℃에서 캐러멜화 반응이 일어나지.

캐러멜화 반응처럼 가열할 때 일어나는 '마이야르' 반응은 식품 속 단백질에 열을 가하면 발생하는 화학적 변화야. 주로 우리가 고기 구울 때 볼 수 있어. 두 가지 반응 모두 식재료의 색이 갈색으로 변하면서 맛있는 냄새를 풍기는 것이 공통점이야.

반면 캐러멜화 반응은 당, 마이야르 반응은 단백질이 있어야 일어난다는 차이가 있어. 그런데 실제로 우리가 먹는 음식에는 한 가지 영양소만 들어 있는 게 아니라서 조리하는 식품에 당과

단백질이 다 들어 있다면 가열하는 동안 캐러멜화 반응과 마이야르 반응이 둘 다 일어날 수도 있어.

✳ 캐러멜화 반응과 마이야르 반응이 동시에 일어난다면? ✳

단백질 + 설탕 + 열 = 구운 빵의 맛, 색깔, 향

지식플러스+

달고나 냄새가 멀리까지 퍼져 나가는 이유

축제 행사장에서 시우는 달콤한 냄새를 맡고 체험 부스를 찾았죠. 이처럼 조금 떨어진 거리까지 달고나 냄새가 퍼질 수 있는 건 '확산' 때문이에요. 확산은 물질이 원자나 분자의 무질서한 열운동을 통해 밀도가 높은 영역에서 낮은 영역으로 퍼져 나가는 현상을 말해요. 달고나의 냄새 성분 분자가 움직여서 저 멀리까지 이동해 가는 거예요. 향수를 뿌리면 그 향기가 퍼져 나가는 것과 학교 급식실에서 프라이드치킨을 조리하는 날에 그 냄새를 교실에서도 맡을 수 있는 이유도 이 때문이죠.

알면 더 재있는
캐러멜화의 세계

음식이 맛있어지는 캐러멜화 반응

캐러멜화를 이용한 음식에는 뭐가 있을까?

달고나처럼 캐러멜화 반응을 이용해 만든 식품으로 커피가 있어. 커피

나무 열매에서 수확한 커피콩으로 커피를 만드는데 이때 커피콩을 볶는

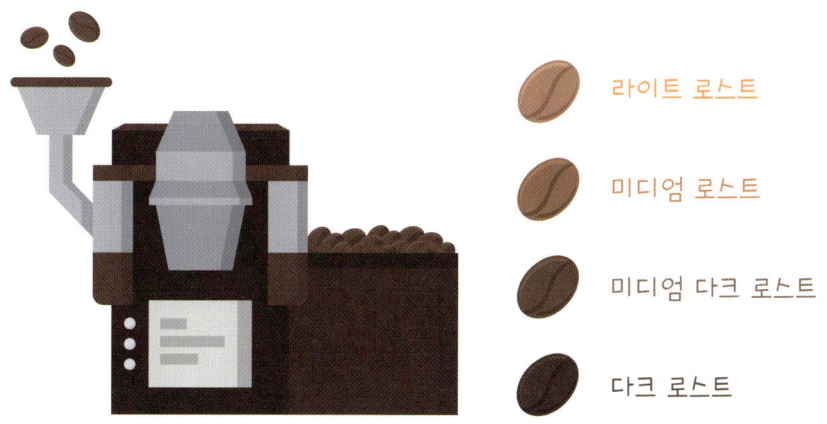

라이트 로스트

미디엄 로스트

미디엄 다크 로스트

다크 로스트

로스팅 과정을 거치지. 커피를 볶는 과정에서 캐러멜화 반응이 일어나서 커피콩이 짙은 갈색으로 변하고 풍부한 향과 맛을 지닌 원두가 되는 거야. 그리고 이때 마이야르 반응도 같이 일어나.

또 채소 중에서 당이 비교적 많이 들어 있는 양파를 고온에 볶으면 갈색으로 변하는 걸 볼 수 있어. 이 역시 양파 속의 당분이 열과 만나 캐러멜화 반응을 일으킨 거야.

교과서 속 화학 키워드

물리적 변화 어떤 물질의 모양은 변하지만 물질이 가진 원래의 성질은 바뀌지 않는 변화예요.

화학적 변화 어떤 물질의 모양과 고유의 성질이 모두 바뀌는 변화예요.

제 4 장

두부를 만든다고?

위잉~

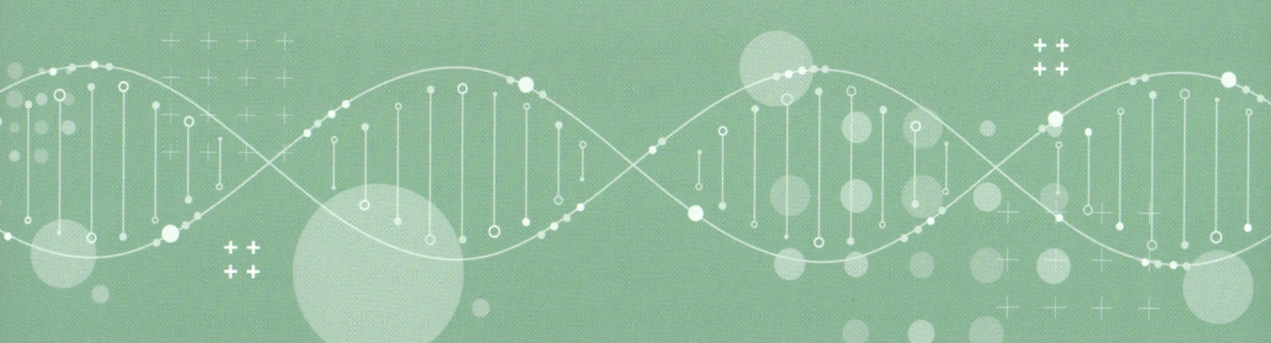

할머니 댁에 가다

"할머니! 저 왔어요."

이른 아침, 효민이가 할머니 댁 출입문을 열며 큰 소리로 인사했어요. 효민이 뒤로 동생 강민이도 따라 들어왔어요.

"아이고, 우리 효민이랑 강민이 왔구나."

할머니는 마당 텃밭에서 일을 하다 한달음에 달려 나와 효민이와 강민이를 꼭 안아 주셨어요.

"어머니, 그럼 며칠만 아이들 좀 봐주세요."

아빠가 짐을 들고 들어오며 말했어요.

"그래, 조심해서 여행 다녀오고 애들 걱정은 하지 말렴."

"효민이랑 강민이, 할머니 말씀 잘 듣고 있어. 일주일 있다가 아빠가 데리러 올게."

아빠는 효민이와 강민이를 안아 주고는 다시 차를 몰고 갔어요.

70

사실 할머니 댁에는 컴퓨터도 없고 주변에 놀이터도 없어서 효민이와 강민이한테는 무척 심심한 곳이었어요. 그래도 오랜만에 할머니를 보니 기분이 좋았어요.

그때 마당 한쪽에 놓인 흰 자루가 효민이 눈에 들어왔어요.

"할머니, 저 자루는 뭐예요?"

"응, 올해 농사지은 콩이지. 저걸로 두부도 만들어 먹고 그런단다."

"두부를 집에서 만든다고요?"

"그럼, 옛날에는 다 집에서 만들어 먹었어. 효민이는 할미가 만들어 준 손두부 안 먹어 봤나?"

"네, 두부는 마트에서만 사 먹을 수 있는 줄 알았어요."

"요즘에는 그렇지. 잘됐다. 오늘 이 할미랑 같이 두부 한번 만들어 볼려?"

"네, 그렇지 않아도 엄청 심심했는데 만들어 보고 싶어요. 할머니."

효민이 눈이 호기심으로 반짝거렸어요.

두부를 직접 만든다고?

두부를 직접 만들다니, 무척 재밌을 것 같았어요. 그때 강민이가 콩자루 위에 올라가 쿵쿵 뛰기 시작했지요.

"강민아, 그만해. 그 자루 속에는 콩이 들어 있어. 그걸로 두부 만들 거란다."

"콩이 들어 있다고요? 여기서 뛰어놀면 재미있는데."

할머니 말에 강민이가 콩자루 위에서 내려왔어요.

"강민이도 이리 와 보렴. 같이 두부 만들어 볼까?"

"네, 저도 만들래요. 이거 재미있는 거예요, 할머니?"

"그럼, 콩이 하얗고 뽀얀 두부로 변신할 텐데 이것보다 재미있는 게 어디 있겠니?"

"치, 누나는 이렇게 재미있는 걸 혼자만 하려고 했어?"

"아니야, 네가 자꾸 장난만 치니까 그랬지. 얼른 와서 누나랑 같이 하자. 할머니, 이제 뭐 하면 되는 거예요?"

"제일 먼저 콩을 물에 씻어서 불려야지."

효민이는 할머니가 콩 씻는 것을 도와드렸어요. 강민이도 옆에서 고사리손으로 거들었지요.

아침부터 시작된 두부 만들기는 콩이 불기를 기다리느라 점심이 훨씬 지나서야 시작할 수 있었어요. 할머니는 불린 콩에 조금씩 물을 넣었어요.

"원래는 방앗간에 가서 불린 콩을 갈아 오는데 오늘은 너희들이랑 조금만 만들어 보려고 믹서기에 가는 거란다."

할머니는 몇 번에 걸쳐 불린 콩을 믹서기에 갈았어요.

"할머니, 이제 거의 다 된 거예요?"

강민이가 묻자 할머니가 큰 소리로 웃으며 말했어요.

"우리 강민이가 기다리기 힘든가 보네. 아직 많이 남았단다. 이제 시작이지. 옛날에는 불린 콩을 맷돌에 한참 갈았는데 지금은 믹서기로 휘리릭 갈면 되니 얼마나 편해졌는지 몰라."

할머니가 옛날에 두부 만들던 이야기를 한창 하고 있는 사이 주위를 어슬렁거리던 강아지 또리가 나풀거리는 물체를 입에 물고는 대문 밖으로 쏜살같이 뛰쳐나갔어요.

"할머니, 콩 다 갈았는데 이제 뭐 하면 돼요? 아, 알았다 이제 저 솥에 넣고 끓이는 거죠?"

"아이고, 어떻게 알았어?"

"에이, 제가 눈썰미가 좀 있어요. 흐흐. 할머니가 아까부터 저 솥에 불을 지피고 계시길래 맞혀 봤어요."

"맞다. 솥에 넣고 끓여야 되는데 그전에 한 가지 해야 할 게 있단다. 면보에 콩을 넣고 이 콩물을 한 번 짜서 비지를 걸러 내고 남은 물로 끓이는 거야."

"아, 이걸 다 넣고 끓이는 게 아니구나. 그럼 얼른 해 봐요, 할머니."

"그래. 어? 어디 갔지? 조금 전까지도 여기 있었는데."

"뭐 찾으세요?"

"면보 말이다. 방금 전에도 여기에 있었는데 감쪽같이 사라졌구나."

"그게 없으면 안 되는 거죠?"

"그렇지. 콩 건더기를 다 걸려야 콩물만 짜낼 수 있고, 그걸로 두부를 만들 수 있거든. 아휴. 귀신이 곡할 노릇이네. 도대체 어디로 간 거야? 하늘로 솟았나, 땅으로 꺼졌나?"

그때 대문 밖에서 또리가 짖는 소리가 들렸어요. 어느 틈에 쫓아갔는지 강민이 목소리도 들려왔지요.

드디어 두부가 되다

할머니는 집 안으로 들어가 면보를 몇 번이고 다시 찾아보았어요. 효민이도 마당 이곳저곳을 돌아다니며 함께 찾았어요.

그때 대문 안으로 또리가 뛰어 들어오고 그 뒤로 강민이가 목에 웬 망토를 두르고 따라서 뛰어 들어왔어요. 손에는 긴 막대기도 하나 들고서 말이죠.

"강민아, 그게 뭐야?"

"응, 또리가 물고 다니다가 흘려서 내가 슈퍼맨처럼 둘러 봤어. 어때?

76

멋지지?"

그 모습을 보고 할머니가 말했어요.

"아휴, 찾았네. 면보가 거기 있었구나."

"강민아, 그거 이리 내놔. 두부 만들 때 쓰는 거래."

효민이가 강민이의 망토를 잡아 끌며 말했어요.

"그냥 내가 가지고 놀면 안 돼? 슈퍼맨 놀이 이제 막 시작했단 말이야."

"콩 건더기랑 콩물을 분리하는 데 그 면보가 필요해. 그게 사라져서 지금 두부 못 만들고 있었다고."

강민이는 아쉬움 가득한 얼굴로 목에 묶은 면보를 풀렀어요. 할머니는 그 면보를 깨끗하게 빨아 콩물을 거르기 시작했어요.

그런 다음 거른 콩물을 솥 안에 넣고 끓이기 시작했어요.

"효민아, 이제 저기 있는 간수를 가져와서 넣어 보렴."

"간수? 간수가 뭐예요?"

"소금 만들 때 나오는 물이란다. 옛날부터 조상님들이 두부 만들 때 썼던 거야."

효민이는 할머니가 시키는 대로 간수를 갖고 와 솥 안에 넣었어요.

"할머니, 이것 좀 보세요. 몽글몽글 덩어리가 생기기 시작했어요."

효민이는 마치 연금술사가 된 것 같았어요. 너무 신기했지요.

"이게 우리가 맛있게 먹는 순두부란다. 어느 정도 덩어리가 생겼으니 두부 모양을 만들면 되겠다."

할머니는 몽글몽글해진 순두부를 떠서 또 다시 면보에 담고 꼭꼭 여민 다음 무거운 통을 그 위에 올려놓았어요. 그랬더니 하얀 면보를 사이에 두고 두부와 물이 나뉘기 시작했지요.

"할머니, 이렇게 면보 하나를 가지고 계속 분리하니까 두부가 만들어지네요?"

"그래. 그렇게 콩이 두부가 되는 거란다."

그날 저녁, 효민이는 직접 만든 두부로 저녁 밥을 배불리 먹었어요. 강민이는 여전히 슈퍼맨 놀이를 더 하지 못한 것을 아쉬워했지만 맛있는 두부를 먹고 기분이 좋아졌어요.

줌 인: 콩의 변신과 두부

두부의 세계

밭에서 나는 고기가 있다고?

국이나 찌개뿐 아니라 조림으로도 많이 먹는 두부! 두부 하면 어떤 모양이 떠올라? 할머니는 콩물을 끓이고 하얀 면보에 싼 다음 꽉 눌러서 단단히 굳힌 두부를 만들었어. 그렇게 만든 두부를 적당한 크기로 자르면 우리가 흔히 아는 하얗고 네모난 두부가 되는 거야.

이처럼 하얗고 뽀얀 두부는 콩으로 만들어. '밭에서 나는 고기'라는 말 들어 봤어? 그게 바로 콩이야. 식물이지만 질 좋은 단백질이 들어 있거든. 아미노산은 단백질을 구성하는 단위인데, 아미노산 중에는 꼭 음식으로 먹어서 섭취해야 하는 것도 있어. 이걸 '필수아미노산'이라고 해. 콩에는

식물성 단백질만으로는 채워지지 않는 필수아미노산도 들어 있어. 아주 좋은 단백질 공급 식품이지. 또 콩을 섭취하면 암을 예방하고 콜레스테롤를 낮출 수 있는데, 콩에는 이소플라본, 사포닌 등 여러 가지 생리활성물질도 들어 있기 때문이야.

두부 만들 때 일어나는 변화 알아보기

콩이 두부가 되는 동안 어떤 일들이 일어날까? 효민이가 할머니와 두부를 만들 때 콩을 갈아서 비지를 걸러 낸 다음, 콩물을 끓이고 간수를 넣었어. 그러면 액체 상태였던 콩물이 덩어리가 지고 서로 엉겨 뭉치는 걸 볼 수 있었을 거야. 바로 이 과정에서 콩에 들어 있던 단백질이 간수와 만나 '응고'가 일어나. 콩물이 두부로 변신하는 데 반드시 필요한 과정이지.

두부처럼 식품의 단백질을 응고시킨 후 걸러서 만든 음식이 또 있어. 바로 리코타 치즈야. 리코타 치즈는 우유를 끓이다가 식초를 넣고 우유 단백질이 모여 덩어리를 이루면 면보에 걸러 식혀서 굳힌 치즈야. 두부 만드는 과정과 정말 비슷하지? 이처럼 두부와 리코타 치즈 모두 식품의 단백질 응고 원리를 이용해 만든 거야.

리코타 치즈 샐러드

리코타 치즈

콩의 변신은 무죄!

콩은 우리나라뿐만 아니라 전 세계 사람들이
음식으로 만들어서 먹어요. 간장, 된장 등도
콩으로 만들고 고추장을 만들 때도 메주와 간
장이 쓰이니 우리나라 전통 양념은 거의 다
콩을 원료로 만들었다고 해도 과언이 아
니에요. 이 외에도 두부보다 수분을 더
지닌 순두부, 두부 만들 때 콩을 갈아 걸
러 내고 남은 비지, 두부를 튀겨서 만든

메주

유부, 콩을 쪄서 발효시켜 만든 청국장 등도 다 콩으로 만든 거지요. 참! 혹
시 진회색 두부를 본 적 있나요? 검정콩을 이용해서 두부를 만들면 흰색
두부가 아니라 진회색 두부가 만들어져요. 이 외
에도 자장면에 쓰이는 춘장, 일본의 낫또, 서양
에서 즐겨 먹는 베이크드 빈즈 등도 다 콩으로
만들고 있어요. 한편 음식 외에도 동물의 사료로
도 쓰이고 공업용 접
착제로도 사용할 수 있

낫또

다고 하니 그야말로 콩의 변신은 끝
이 없답니다.

베이크드 빈즈

혼합물로 본 화학

신비한 혼합물의 세계

혼합물이 뭘까?

다른 물질과 섞이지 않고 한 가지 물질로만 이루어진 물질을 '순물질'이라고 해. 대표적으로 물, 설탕, 소금이 순물질에 속해. 그럼 이런 순물질이 서로 섞여 있는 상태는 없을까? 세상에는 많은 물질이 있는데 순물질뿐만 아니라 두 가지 이상의 물질이 서로 섞여 있는 상태도 있어. 이처럼 서로 다른 물질이 섞여 있는 상태를 '혼합물'이라고 해.

그럼 김밥은 순물질일까? 혼합물일까? 김밥 만들 때 필요한 재료를 생각해 볼까? 김, 밥, 당근, 단무지, 시금치, 계란 등이 서로 섞여 있지? 이렇게 두 가지 이상의 물질이 서로 섞여 있기 때문에 김밥은 혼합물이야. 또 두부 만들 때 콩을 갈아 놓은 상태는 갈린 콩과 물이 섞여 있는 혼합물 상

태라고 할 수 있어.

　그렇다면 김밥에 들어가는 쌀밥은 순물질일까? 그렇지 않아. 쌀밥은 순물질인 물과 쌀로 만들어진 혼합물이야. 단무지 역시 무, 소금, 설탕, 식초 등의 순물질이 섞인 혼합물이지. 김밥처럼 두 가지 이상의 혼합물이 섞인 것 역시 혼합물이야.

　이처럼 혼합물은 여러 가지 물질이 섞여 있지만 각각 원래 물질이 가지고 있던 성질은 변하지 않아. 과일 샐러드를 한번 떠올려 봐. 사과, 방울토마토, 바나나, 귤 등을 넣어 만들어도 각각의 과일들이 원래 가진 색과 맛은 그대로 유지된다는 것을 알 수 있지.

혼합물 분리하기

두 가지 이상의 물질이 섞여 있는 상태인 혼합물을 다시 각각의 물질로 분리할 수 있을까?

서로 섞여 있는 물질을 원래의 물질로 분리할 수 있는데 이때는 크기, 용해도, 밀도, 끓는점, 크로마토그래피Chromatography, 이동속도의 차이를 이용해 혼합체에 섞인 다양한 분자들을 분리하는 실험 방법 등을 이용해.

크기가 서로 다른 고체 혼합물을 분리할 때는 체를 이용하면 좋아. 체에 거르면 크기가 큰 물질은 남고 체보다 작은 물질은 밑으로 빠져 나오

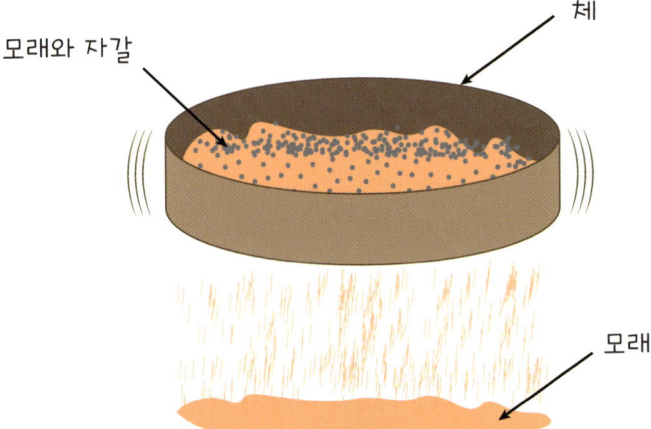

모래와 자갈

체

모래

게 되겠지? 그 방식으로 혼합물을 분리하는 거야.

또한 물의 끓는점은 100°C이고 에탄올의 끓는점은 78.3°C인데 바로 이 끓는점이 다르다는 점을 이용해 술을 만들 수 있어. 물과 에탄올이 섞인 혼합물을 가열하면 에탄올이 먼저 끓어서 기체가 되는데 이걸 식히면 소주를 만들 수 있대. 신기하지?

크로마토그래피를 이용하면 사인펜의 색소도 분리할 수도 있어. 거름종이 한쪽에 사인펜으로 선을 긋고 세운 상태에서 맨 밑에 물을 묻히는 실험을 해 보면 돼. 시간이 지나면서 물이 거름종이를 타고 올라가 사인펜으로 표시한 선을 지나면서 색깔이 여러 개로 나뉘는 걸 볼 수 있을 거

순물질	혼합물
·다른 물질이 섞이지 않고 한 가지 물질로만 이루어진 순수한 물질 ·물리적 방법으로 분리할 수 없음 ·끓는점, 어는점이 일정함	·두 가지 이상의 순물질이 섞여 있는 상태의 물질 ·물리적 방법으로 분리 가능 ·끓는점, 어는점이 일정하지 않음 ·각 물질의 성질을 그대로 유지한 채 섞여 있음

야. 이때 거름종이는 색소들이 이동하는 통로이자 분리대 역할을 하기 때문에 각 색소의 이동 속도에 따라 서로 분리되는 거야.

석유도 다 같은 석유가 아니라고?

주유소마다 붙어 있는 가격표를 본 적이 있나요? 주유소에 가 보면 휘발유, 경유, 등유 등 석유의 종류가 다양하다는 사실을 알 수 있어요. 석유의 원유는 혼합물 상태인데 이 원유에 섞여 있는 물질들을 증류하면 끓는점 차이를 이용해 휘발유, 경유, 등유, 증유, 윤활유 등 우리 생활에 필요한 연료를 얻을 수 있어요.

알면 더 재밌는
거름과 추출의 세계

맛있는 차의 비밀

차에서 찾은 거름과 추출

　혼합물을 분리할 때는 '용해도'를 이용하기도 해.

이 방법은 우리가 차를 마실 때 경험할 수 있어.

잎차를 마실 때 찻잔 위에 거름망을

올려놓고 찻잎과 따뜻한 물을

부으면 돼. 그럼 거름망에

찻잎이 걸러지고

맛있는 차만 찻잔에 모이지. 이처럼 거름망을 이용해 찻잎을 거르는 것을 '거름'이라고 해. 혼합물을 용매에 녹인 후 녹지 않는 성분을 걸러서 분리하는 방법이야.

찻잎에서 수용성 물질을 우려낼 때는 '추출'의 원리가 작용한 거야. 특정한 성분을 잘 녹이는 용매를 사용해 혼합물에서 그 물질을 분리해 내는 방법을 추출이라고 해. 물에 잎차를 넣어 놓으면 차 성분이 물에 우러나오는 현상처럼 말이야.

거름과 추출은 어떤 물질 속에서 필요한 성분만 분리하거나 필요하지 않은 물질을 없애는 데 이용할 수 있어. 원두커피를 내릴 때도 이러한 원리가 적용되고 있지.

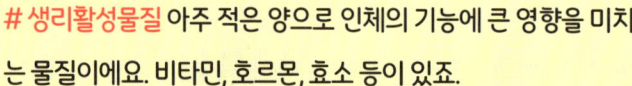

교과서 속 화학 키워드

 # 생리활성물질 아주 적은 양으로 인체의 기능에 큰 영향을 미치는 물질이에요. 비타민, 호르몬, 효소 등이 있죠.

 # 간수 바닷물에서 소금을 만든 후에 나오는 액체예요. 마그네슘염을 많이 포함하고 있으며 쓴맛이 나고, 옛날부터 두부를 만들 때 응고제로 쓰였어요..

제 5 장

김치를 맛있게 먹는 법

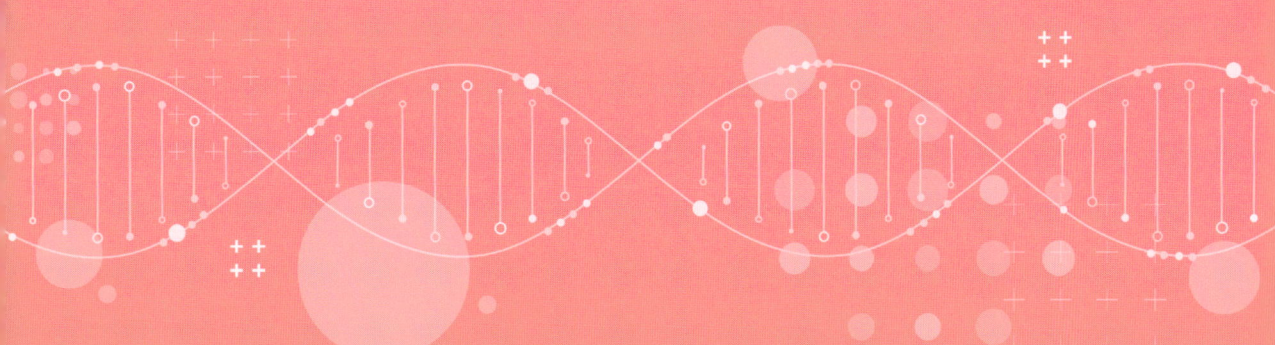

김치가 익으면서 생기는 일

오랜만의 만남

"엄마, 하루 언니를 몇 년 만에 보는 거지?"

"한 3년 됐을걸. 큰아빠 해외 파견 간 지 그쯤 된 것 같은데."

하윤이는 오랜만에 사촌 언니를 만날 생각에 들떠 있었어요. 어렸을 때는 큰집 식구들이랑 여행도 함께 다니고 주말마다 공원 나들이도 자주 갔거든요. 하윤이와 하루는 둘 다 외동이라 친자매처럼 지냈어요. 그러다 큰아빠가 해외로 파견 근무를 나가는 바람에 한동안 볼 수 없었지요. 그런데 하루 언니네 가족이 지난달에 다시 한국에 들어온 거예요.

오랜만에 두 가족은 서해로 여행을 가기로 했지요. 하윤이는 하루 언니를 다시 볼 생각에 어젯밤부터 잠을 설쳤어요. 그런데 주말이라 그런지 도로에 차가 너무 많아 꼼짝도 안 하는 거예요.

"차가 너무 막히네. 어쩌나. 김치가 더 쉴 텐데. 하루가 김치찜 먹고 싶다고 해서 쉰 김치 따로 챙겼는데 이럴 줄 알았으면 아이스박스에 넣어

올걸 그랬네."

"어쩐지, 어디서 김치 냄새가 나더라."

하윤이는 차 안에서 왜 김치 냄새가 나는지 이제야 알 것 같았어요.
도로는 차로 꽉 막히고 날씨는 추웠지만 히터에서는 따뜻한 바람이 나
왔어요. 하윤이는 금세 잠이 들고 말았지요.

"하윤아, 다 왔어."

엄마의 말에 하윤이는 눈을 떴어요. 아침 일찍 출발했지만 도착 예정

시간을 훌쩍 넘겨서야 숙소에 다다랐어요.

　오랜만에 만난 하윤이와 하루는 거울을 보며 서로의 키를 대 보기도 하고 그동안 못했던 이야기도 나누었어요.

　"언니, 오늘 저녁에 뭐 먹는지 알아?"

　"아니, 아빠가 비밀이라고 하던데."

　하윤이는 아까 차에서 엄마가 하루를 위해 준비한 김치 생각이 났어요.

　"크크! 기대해. 언니! 오늘은 몇 년 만에 만난 언니를 위해 엄마 아빠랑 진짜 맛있는 저녁을 준비할 테니까!"

쉰 김치가 너무 셔!

　두 가족은 바닷가 산책을 하고 들어와 저녁 준비를 시작했어요. 해외 생활을 오래하다 온 큰집 식구들을 위해 하윤이네가 특별한 저녁을 대접하기로 한 거예요. 펜션 앞 바비큐장에서 불을 피우던 아빠에게 하윤이가 물었어요.

　"아빠, 그런데 오늘 저녁 메뉴는 누가 정했어?"

　"큰아빠한테 미리 살짝 물어보고 준비했지. 김치 좋아하는 하루가 예전에 우리 집에서 먹었던 등갈비김치찜이 너무 먹고 싶었다고 하더라.

큰엄마가 한 번 해 줬는데도 그 맛이 아니라고 그랬다나. 서해 왔으니 오랜만에 조개구이도 먹어 보자."

"아, 어쩐지. 저녁 메뉴가 언니가 딱 좋아하는 거더라. 아까 언니한테 큰소리친 만큼 오늘 진짜 맛있게 만들어야지!"

"그럴까? 하윤아, 숙소 냉장고 안에서 김치 좀 꺼내다 줄래?"

"알겠습니다, 셰프 님!"

하윤이가 김치를 가지러 숙소 방에 들어갔어요. 보일러를 틀어 놔서 인지 방바닥이 따뜻했어요. 그런데 냉장고 안을 아무리 찾아도 김치가 없는 거예요. 그때 출입문 옆에 있던 종이가방이 눈에 들어왔어요. 그 안에는 반찬통이 있었어요. 반찬통 뚜껑을 열자 쉰 김치 냄새가 하윤이의 코를 찔렀어요. 하윤이는 인상을 구긴 채 반찬통을 들고 바비큐장으로 향했어요.

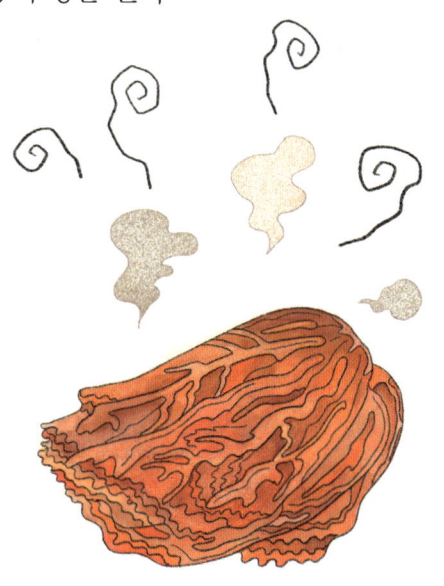

"아빠, 김치가 너무 쉬었어. 못 먹을 것 같아. 오늘 저녁 어쩌지? 하루 언니가 엄청 기대하고 있는데."

"걱정하지 마. 원래 김치찜은 쉰 김치로 해야 맛있는 거야."

아빠는 걱정하는 하윤이를 안심시키고는 반찬통을 열어 보았어요.

"아이고! 이를 어쩌나."

아빠가 반찬통을 열자 쉰 김치 냄새가 확 올라왔어요.

"쉬어도 너무 쉬었네. 푹 끓인다고 해도 신맛이 너무 강해서 감칠맛 나는 김치찜이 안 될 것 같은데. 큰일이구나."

맛있는 저녁을 기대하라며 큰소리친 하윤이와 자신만만해하던 아빠

는 난감했어요.

그때 구워 먹을 조개를 사러 수산시장에 다녀온 엄마와 큰집 식구들이 숙소에 도착했지요. 엄마가 저녁 준비를 도우러 바비큐장으로 나왔어요.

쉰 김치의 변신은 무죄!

"분위기가 왜 이래? 무슨 일이야?"

하윤이는 하루가 들으면 실망할까 봐 엄마에게 귓속말로 그동안의 일을 이야기했어요. 엄마는 하윤이의 얘기를 듣고 아차 싶었지요.

"차가 너무 막혀서 도착하자마자 바다 구경하러 나가느라 엄마가 냉장고에 넣는 걸 잊어버렸나 봐."

근사한 저녁을 대접하고 싶었던 하윤이네 계획이 물거품이 될 위기에 처했어요. 그때 아빠가 갑자기 무릎을 탁 치며 말했어요.

"잠깐만! 지금 여긴 어디?"

"아니, 뜬금없이 여기가 어디냐니? 어디긴 어디야, 서해지. 당황해서 우리가 어디에 있는지도 잊어버린 거야?"

"그러니까 여기가 서해잖아. 우린 오늘 저녁으로 조개구이를 해 먹기

로 했고. 아까 수산시장 가서 조개 사 왔지? 여보?"

"그럼, 아마 지금 형님이 정리하고 계실 텐데."

"아, 살았다. 하윤아, 걱정하지 마. 시간이 좀 걸릴 것 같지만 하루가

실망할 일은 없을 거야."

"아빠, 어떻게 할 건데? 정말 맛있는 김치찜 먹을 수 있는 거야?"

하윤이가 못 믿겠다는 표정을 지으며 물었어요.

"아빠가 어렸을 때, 외갓집에 가면 외할머니가 쉰 김장김치 항아리 안에 조개껍데기 씻어서 넣어 놓으셨거든. 그 생각이 났어. 하윤아! 안에 들어가서 조개껍데기 깨끗하게 씻어서 한 움큼 가지고 와 봐."

하윤이는 이미 쉬어 버린 김치가 맛있는 김치찜으로 바뀔지 알 수 없었지만 그래도 무언가 방법이 있다는 말에 희망이 생긴 것 같았어요.

하윤이가 조개껍데기를 씻어 가져왔어요. 아빠는 쉰 김치가 든 반찬통을 열고 김치 사이사이에 조개껍데기를 넣었어요.

"아, 이제 됐다."

"그럼 저녁 때 맛있는 김치찜 먹을 수 있는 거야?"

"아쉽지만 김치찜은 내일 먹어야 할 것 같아. 김치의 신맛이 좀 사그라들려면 시간이 필요하거든."

"그럼 할 수 없지."

다음 날 아침, 드디어 아빠가 하윤이에게 어제 그 김치를 가져오라고 했어요. 하윤이는 반찬통 뚜껑을 얼른 열어 보았지요.

"아빠! 냄새가 좀 덜한 것 같아."

"아, 다행이다. 자, 그럼 하루를 위한 등갈비김치찜을 시작해 볼까?"

마침내 바다가 멀리 보이는 펜션에서 하윤이네 가족과 하루네 가족은 맛있는 아침밥을 먹을 수 있게 되었어요.

"언니, 어때? 김치찜 맛있어?"

"응, 이 맛이야! 내가 너무 먹고 싶었던 맛!"

"정말? 아, 다행이다."

"뭐가 다행이야?"

"아, 그런 게 있어. 흐흐."

하윤이는 쉰 김치가 이렇게 맛있는 김치찜으로 변신한 이유를 군이 말하지 않았어요. 대신 하루가 김치찜을 맛있게 먹는 모습을 흐뭇하게 바라보았지요.

출 인: 김치의 변신

김치와 발효

배추의 변신! 김치가 되는 과정, 발효!

하윤이가 열어 보고 깜짝 놀란 쉰 김치는 원래부터 쉰 김치였을까? 김치에는 배추김치, 깍두기, 물김치, 파김치 등 여러 종류가 있는데 '김치'라고 하면 보통 배추김치를 많이 떠올려. 배추김치는 배추를 소금에 절였다가 헹군 다음 물기를 빼서 담그지. 소금에 절인 배추에 양념을 넣어 속을 채우고 발효를 시키면 김치가 되는 거야.

이때 김치가 발효되면서 유산균이 생겨. 다른 균들은 살기 좋은 환경이 아니라 죽게 되는 반면, 공기가 없어도 잘 살고 짠맛에서도 잘 버틸 수 있는 유산균은 살아남아서 김치를 발효시키는 거야.

이렇게 잘 발효되어 아삭하고 시원한 맛을 내면 우리가 먹기 딱 좋은 김치가 돼. 그런데 시간이 지나면 김치에 젖산균이 점점 더 많아져서 젖산 발효가 일어나게 돼. 그럼 다른 맛보다 신맛이 훨씬 강해지면서 김치가 쉬게 돼. 바로 하윤이가 보고 놀랐던 그 쉰 김치처럼 말이야.

이렇듯 발효란, 유기물이 효모, 균류, 세균 등 미생물 작용에 의해 분해하고 변화하는 현상을 말해. 김치뿐 아니라 요쿠르트, 치즈, 맥주 등에도 발효의 원리가 활용돼.

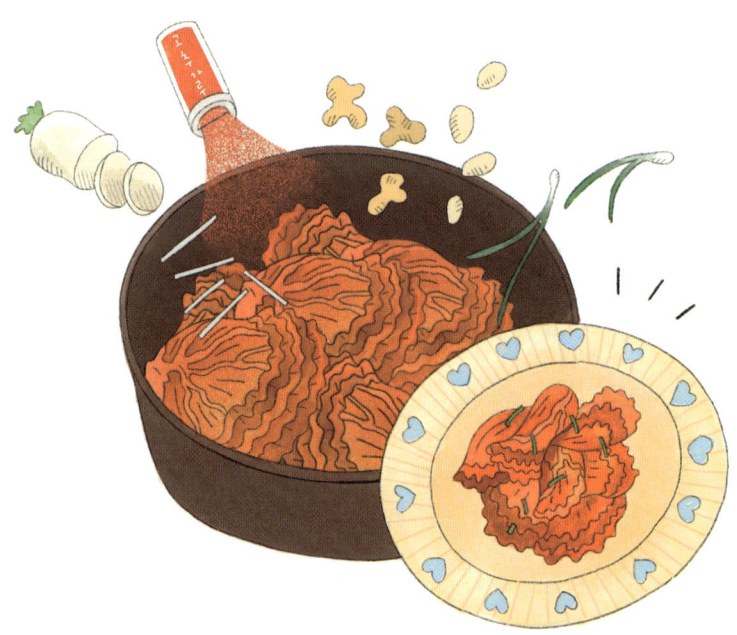

쉰 김치 부활 작전!

잘 익은 김치가 쉬기 시작하면 젖산균이 생기고 신맛이 강해진다는 사실, 이제 알았지? 그렇다고 쉰 김치를 못 먹는 건 아니야. 하윤이 아빠가 그랬던 것처럼 쉰 김치를 근사한 음식으로 변신시킬 수 있는 방법은 많아.

달걀 껍질을 깨끗하게 씻어서 쉰 김치에 넣어 봐. 달걀 껍질은 탄산칼슘$_{CaCO_3}$으로 이루어져 있는데 이 성분이 쉰 김치의 신맛을 없애 주거든. 하윤이네처럼 쉰 김치에 조개껍데기를 넣기도 해. 조개껍데기에도 탄산칼슘이 있어 김치의 산과 반응해서 신맛을 약하게 만들어 줘. 또 베이킹소다를 넣는 방법도 있는데, 이 방법이 달걀 껍질이나 조개껍데기보다 편할 거야. 대신 너무 많이 넣으면 음식 맛에 영향을 줄 수도 있으니 주의해야 해.

탄산칼슘 (CaCO₃)

옛날에도 김치냉장고가 있었다고?

요즘은 집집마다 김치냉장고에 김치를 보관해서 사계절 내내 먹어요. 그런데 전기도 없고 김치냉장고도 없던 시절에는 김치를 어떻게 저장했을까요? 우리 조상들이 사용하던 옛날식 김치냉장고는 김장독이에요. 조상들은 김장김치를 항아리에 담아 땅에 묻어 보관했는데, 이게 바로 김장독이에요. 항아리 안에 담은 김장김치를 꾹꾹 눌러 공기를 빼 주고 땅에 묻으면 외부의 영향을 덜 받아 온도를 일정하게 유지할 수 있었지요. 김장김치의 발효를 돕고 오래 보관할 수 있었던 비결이라, 오늘날 우리가 사용하는 김치냉장고의 원리가 바로 여기에서 비롯되었어요.

중화 반응으로 본 화학

산성과 염기성, 그리고 중화 반응

산성, 염기성 알아보기

사람마다 고유의 성격과 특징이 있듯이 물질도 저마다의 특성이 있어. '산성'과 '염기성'이라는 말 들어 봤어? 산성은 신맛이 강하게 나는 성질을 뜻하고, 염기성은 소금을 기본으로 하는 성질에 만지면 미끈거리는 특징이 있어. 김치가 쉬면 신맛이 나지? 산성이 강하기 때문이야.

그럼 어떤 물질이 산성인지 염기성인지를 어떻게 확인할 수 있을까? 모든 물질을 다 먹어 볼 수는 없는데 말이야. 리트머스 종이를 이용하면 돼. 푸른색 리트머스 종이가 붉게 변하면 산성, 붉은색 리트머스 종이가 푸른색으로 변하면 염기성이라는 뜻이야. 만약 어떤 물질이 산성도 염기성도 아니라면 그건 '중성' 물질이야.

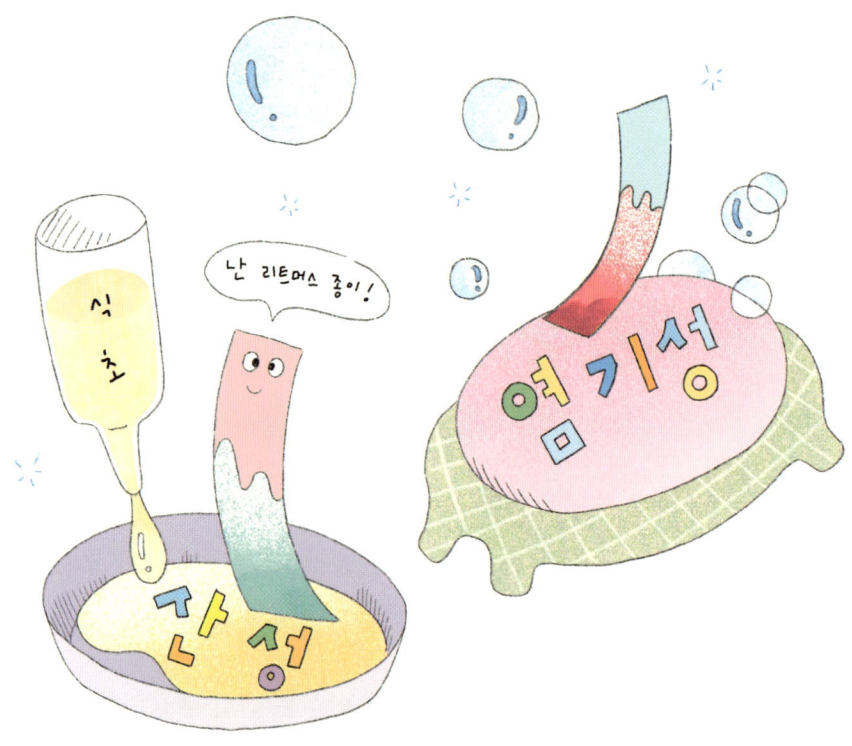

물에 녹았을 때 산성을 띠는 물질을 '산', 염기성을 띠는 물질을 '염기'라고 해. 산이 물에 녹으면 수소이온$_{H^+}$을 내놓고, 염기가 물에 녹으면 수산화이온$_{OH^-}$을 내놓게 돼. 음식을 조리할 때 사용하는 식초를 떠올려 봐. 어때? 생각만 해도 시큼하지? 바로 그 신맛을 가진 식초의 주성분이 산이야. 그리고 손 씻거나 세수할 때 사용하는 비누는 염기성이야. 염기는 단백질을 분해하는 성질이 있기 때문에 손에 묻히면 미끌거리는 거야.

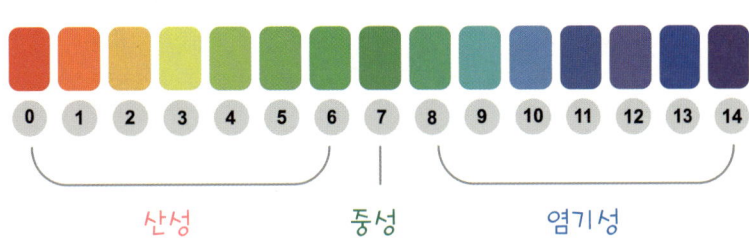

물질의 산성도를 알아보는 지표로 pH지수가 있는데, pH가 7보다 작으면 산성, 7보다 크면 염기성으로 분류해. 반찬으로 먹기 좋은 김치의 pH는 4.1~4.6 사이고, 김치가 쉬면 신맛이 강해지면서 pH지수가 점점 더 낮아져. 산성이 강해지는 거지.

중화 반응은 뭘까?

중화 반응은 산과 염기가 반응해 물과 염이 생기는 반응이야. 중화 반응을 거치면 산과 염기가 가지고 있던 고유의 특성을 잃게 돼. 산성인 쉰 김치에 염기성인 달걀 껍질, 조개껍데기, 베이킹소다를 넣으면 김치의 신맛 나는 특성이 사라지는 것도 중화 반응의 원리 때문이야.

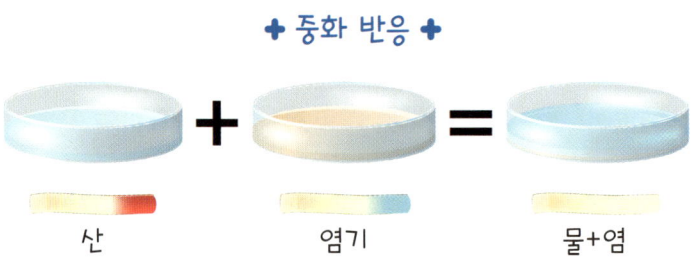

✦ 중화 반응 ✦

산   염기   물+염

또 우리 몸속에서도 중화 반응이 일어나. 위에서 분비되는 위액을 '위산'이라고 하는데 이 위산이 너무 많이 분비되면 속이 쓰리고 아파. 그럴 때는 염기성 물질인 제산제를 먹으면 위산을 중화시켜 속이 쓰리고 아픈 증상을 사라지게 해 주지.

지식플러스✦

산성비를 맞으면 어떻게 될까?

산성비란 석탄과 같은 화석 연료가 타거나 자동차의 배기가스 등에서 배출된 강한 산성 물질이 대기 중에 있다가 빗물에 섞여 내리는 걸 말해요. 황산화물이나 질소산화물이 포함된 산성비는 땅과 하천 등을 오염시켜서 식물이 잘 자라지 못하게 하고, 생물의 개체수도 감소시켜요. 또 오래된 건물이나 문화재를 부식시키기도 해요. 산성비가 내리는 환경은 대기에도 오염 물질이 많은 상태이기 때문에 호흡기에도 좋지 않고 산성화된 물에서 자란 생물을 사람이 먹으면 건강에도 좋지 않아요. 만약 산성비 예보가 있다면 우산을 꼭 챙겨서 대비해야 해요.

알면 더 재밌는
중화 반응의 세계

일상 속 중화 반응

> 우리 곁에서는 어떤 중화 반응이 일어날까?

입속의 충치를 일으키는 충치균은 치아 사이에 끼어 있는 단 성분을 먹고 산을 만들어 낸다는 사실을 알고 있니?

산성은 치아를 녹이게 되는데, 이때 염기성인 치약을 이용해 양치를 하면 중화 반응이 일어나서 치아가 썩는 걸 막아 주지.

생선 회를 먹을 때 산성인 레몬 즙을 뿌리면 염기성인 생선 비린내 성분 트리메틸아민과 중화 반응을 일으켜 냄새를 없앨 수 있어.

또 벌침의 독은 산성이라 벌에 쏘였을 때 염기성을 지닌 묽은 암모니아수를 바르면 통증이 가라앉게 되는데, 이 경우도 산과 염기의 중화 반응을 이용한 아주 좋은 예라고 할 수 있어.

이처럼 산성과 염기성의 중화 반응은 우리 일상의 여러 방면에 유용하게 활용되고 있어.

제6장

사과가 갈색으로
변했대

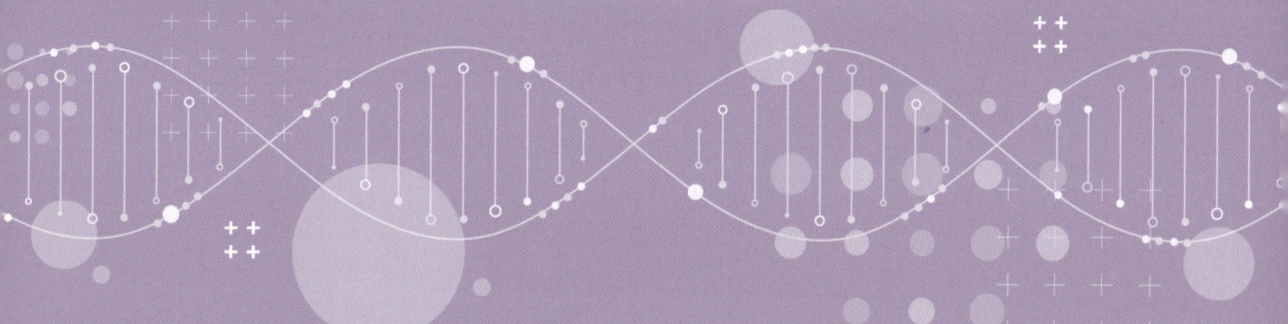

두근두근 파자마 파티!

"다 됐다."

주방 조리대에서 몸을 웅크린 채 집중하던 세윤이가 드디어 허리를 폈어요. 사과를 깎고 조각내서 꽃 모양을 만들던 참이었거든요.

지난 여름방학에 문화센터에서 과일 플레이팅을 배웠는데 마침 솜씨를 뽐낼 기회가 온 거예요. 오늘이 바로 손꼽아 기다리던 파자마 파티를 하는 날이거든요. 유치원 때부터 친하게 지냈던 친구들 모두 도희네 집에 모이기로 했어요. 각자 음식을 한 가지씩 준비해 오기로 했지요.

세윤이는 정성들여 만든 사과 꽃 장식을 보면서 도희와 더 친해질 수 있겠다고 생각했어요.

'도희가 이걸 보면 정말 예쁘다고 하겠지? 다른 아이들도 아마 잘 만들었다고 할 거야.'

도희가 사과 꽃을 보고 좋아하는 모습을 상상했더니 기분이 한껏 들

112

떴어요. 도희가 사과를 좋아한다고 해서 일부러 사과로 꽃 모양을 만들었거든요.

　사과는 여덟 조각을 내고 끝부분을 잘라 V자 모양을 만들었어요. 그리고 껍질을 깎았어요. 여덟 개의 사과 조각을 동그랗게 놓고 가운데는 초록색 파슬리로 장식하니 정말 꽃처럼 보였지요. 사과 꽃 모양이 돋보이도록 하얀 접시에 담고 다시 그 접시를 그대로 큰 반찬통에 넣었어요.

완성된 모습을 보니 세윤이는 뿌듯한 마음이 들었지요.

파자마 파티에 입으려고 산 잠옷으로 갈아입은 세윤이가 아빠를 불렀어요.

"아빠! 아빠! 준비 완료. 지금 출발해요."

"혼자 준비한다고 한참 끙끙대더니, 어디 아빠도 한번 보자."

세윤이는 준비한 반찬통을 조심조심 열어서 아빠에게 보여 주었어요.

"이야, 멋진데!"

"진짜? 도희도 좋아하겠지?"

"그럼, 사과 안 좋아하는 아빠도 하나 먹고 싶은걸. 자, 그럼 이제 출발할까? 우리 곰돌이?"

하얗게 질려 버린 내 얼굴

"아빠가 이따가 데리러 올게. 친구들이랑 재미있게 보내."

"네!"

아빠 차가 떠나고 세윤이는 들뜬 마음으로 도희네 집 초인종을 눌렀어요.

"어서 와, 세윤아!"

114

도희는 하트 무늬 잠옷을 입고 활짝 웃으며 세윤이를 반겨 주었어요. 먼저 도착해 있던 친구들도 세윤이를 반갑게 맞이해 주었어요.

잠시 후, 민아까지 모두 모이자 서로 가지고 온 음식을 탁자에 꺼내 놓기 시작했지요. 제일 늦게 온 민아가 먼저 종이 상자를 내려놓으며 말했어요.

"아마 이거 싫어하는 사람은 없을걸. 모두가 다 좋아할 만한 걸 준비했지. 짜잔!"

민아 말에 아이들은 기대에 찬 눈빛으로 종이 상자를 바라보았어요. 상자 안에는 과자가 가득했지요.

"와! 내가 좋아하는 막대 과자도 있잖아."

도희가 좋아하며 말했어요. 이어서 소희와 직접 만든 떡볶이를 꺼내 놓았어요. 하나둘씩 음식들이 등장할 때마다 아이들의 웃음소리가 집 안에 울려 퍼졌어요.

드디어 세윤이 차례가 되었어요. 도희가 잔뜩 기대하는 얼굴로 세윤이를 바라보았지요.

"자, 모두들 기대해!"

모양이 흐트러질까 봐 가슴에 꼭 품고 조심스레 가지고 왔던 반찬통을 여는 순간이에요.

"어, 이게 뭐야?"

아이들이 의아해하며 세윤이에게 물었어요.

"그러니까 이건, 이건 말이지. 사과로 만든 꽃인데……. 내가 아까 만들 때는 예뻤는데, 어, 그러니까……."

당황한 세윤이는 차마 말을 다 마치지 못했어요.

"아, 사과구나. 근데 색이 왜 이렇지? 꼭 병든 사과 같아."

도희가 그렇게 말하자 세윤이는 창피함에 얼굴이 하얗게 질려 버렸

어요. 쥐구멍이 있으면 당장 숨고 싶을 정도였지요.

다시 시작된 파티!

거실 벽에 풍선을 붙이고 있던 도희 엄마가 당황한 세윤이를 보고 물었어요.

"얘들아, 왜 그러니? 무슨 일이야?"

그러자 세윤이가 잔뜩 굳은 얼굴로 말했어요.

"제가 사과로 예쁘게 꽃 모양을 만들어 왔는데, 도착해서 같이 먹으려고 열어 봤더니 사과가 이렇게 됐어요."

세윤이는 거의 울 것 같은 목소리로 말했어요.

"아, 사과 색이 변해서 그러는구나. 갈변 현상이 일어났네."

"네? 갈변 현상이라고요? 그게 뭐예요?"

"사과 껍질을 깎아 놓고 시간이 흐르면 갈색으로 변하게 되는데 이걸 갈변 현상이라고 해. 껍질을 벗겨 내면 사과와 산소가 만나서 이렇게 되는 거지."

옆에서 지켜보던 아이들도 그제야 고개를 끄덕였어요. 세윤이도 도희 엄마 이야기를 듣고 사과 색깔이 변한 이유를 알게 됐지요.

"그럼 사과는 껍질을 깎아 두면 다 이렇게 되는 거예요?"

세윤이가 도희 엄마에게 물어보았어요.

"응, 시간이 지날수록 색깔이 진하게 변하지."

"그걸 막을 방법은 없나요?"

세윤이는 갈변 현상을 막을 방법이 있는지 궁금했어요.

"방법이 있지. 아줌마는 깎은 사과를 나중에 먹어야 할 때 설탕물에 담가 놓는단다. 그런데 사과만 갈변되는 건 아니야. 배나 바나나도 껍질을 벗겨 놓거나 공기와 오래 만나게 하면 색깔이 변한단다."

"생각해 보니 먹다가 남긴 바나나 색깔이 정말 까맣게 변했던 것 같아."

소희가 말하자 아이들도 다들 그런 적이 있었다며 고개를 끄덕였어요.

"그나저나 세윤이가 이렇게 예쁜 사과 꽃을 만들 수 있는 줄 몰랐네. 아줌마도 세윤이한테 한 수 배워야겠는걸."

도희 엄마가 탁자 위에 놓인 사과 꽃을 보며 칭찬하자 세윤이 얼굴에 다시 미소가 걸렸어요.

"다음에 사과 꽃 만들 때는 꼭 설탕물에 담근 다음 만들어 봐야겠어요. 이렇게 예쁘게 모양 내는 방법도 제가 나중에 알려 드릴게요."

도희와 친해지고 싶은 마음에, 근사한 사과 꽃을 만들고 싶었던 세윤이 계획은 뜻대로 되지 않았어요. 그렇지만 사과 색깔이 변한 이유는 정확히 알게 되었지요.

한바탕 사과 꽃 소동이 지나가고 하얗게 질렸던 세윤이 얼굴에 다시 웃음꽃이 퍼졌어요. 왁자지껄 파자마 파티가 다시 시작된 거예요.

줄 인: 과일의 갈변 현상

사과의 색깔이 변하는 이유

사과를 깎으면 어떤 일이 일어날까?

칼로 사과 껍질을 깎고 자르면 어떤 일이 일어날까? 사과 껍질이 없으면 사과 안에 있던 효소와 공기가 만나 사과 색깔이 변하게 돼. 이렇게 사과가 갈색으로 변하는 것을 '갈변 현상'이라고 불러. 사과에 들어 있는 폴리페놀이 산화 효소의 작용으로 산소를 만나 멜라닌 색소를 만들게 되는데, 바로 이 멜라닌 색소 때문에 사과가 갈색이 되는 거야. 세윤이가 만든 사과 꽃도 갈변 현상 때문에 그렇게 된 거지. 색이 변한 사과는 맛도 덜하고 보기에도 예쁘지 않아서 되도록 빨리 먹거나 잘 보관해야 돼.

사과의 갈변 현상을 막아라!

사과의 갈변 현상을 최대한 늦추려면 어떻게 해야 할까? 사과 속 효소의 작용을 억제하거나 산소를 만나지 못하게 하면 돼. 예를 들어 껍질 벗긴 사과를 소금물이나 설탕물에 담가 놓는 거지. 소금에 들어 있는 염소 이온이 사과 속에 있는 폴리페놀 효소와 산소가 만나는 것을 방해하거든. 또 설탕은 사과의 겉면을 감싸서 사과 속의 효소가 산소와 만나는 걸 차단해 주는 역할을 해. 레몬 즙을 뿌려 주는 방법도 있어.

설탕

소금

사과를 자르거나 깎을 때 구리나 철로 만든 칼은 사과 속 효소가 산소와 만나는 반응을 더 촉진시켜서 갈변 현상을 부추겨. 그래서 사과를 손질할 때는 세라믹이나 스테인리스 소재의 칼을 사용하는 것이 좋아. 또한 그냥 물에 담가 산소를 차단하는 것도 사과의 맛을 보존할 수 있는 방법 중 하나야.

 지식플러스+

사과를 먹으면 우리 몸에서 어떤 일이 일어날까?

사과에는 우리 몸에 좋은 영양 성분이 들어 있어요. 사과에 포함된 식이섬유소는 혈관 청소부 역할을 해요. 혈관에 쌓일 수 있는 나쁜 콜레스테롤을 우리 몸 밖으로 배출시켜 주는 일을 하는 거지요. 그래서 혈관이 막혀서 발생하는 동맥경화와 같은 질병을 예방해 줘요. 또 사과에 들어 있는 펙틴, 페놀산 등은 혈압을 안정적으로 유지시켜 주는 일을 하고 뇌졸중을 예방하는 효과도 있어요. 사과 속 유기산과 비타민C는 우리 몸이 피곤할 때 피로 회복을 도와주고 피부도 매끈하게 해 주지요.

갈변 현상으로 본 화학

산화 반응과 환원 반응

세윤이가 만든 사과 꽃은 갈변 현상이 일어나 색깔이 변했어. 이 갈변 현상은 여러 가지 화학 반응 중에서 산화 반응에 속해.

산화 반응이란 뭘까?

'산화 반응'이란 어떤 물질이 산소를 만나서 일어나는 현상이야. 세윤이의 사과 꽃을 생각해 봐. 사과 껍질을 칼로 벗겨 내면 사과 속 효소가 산소를 만나게 되는데 이게 바로 산화 반응이야. 이러한 갈변 현상도 산화 반응이고 금속에 녹이 스는 것도 산화 반응이지. 촛불이 타는 연소도 산화 반응이야. 이처럼 산화 반응이 많이 일어나는 건 산소가 가지고 있는 특성 때문인데 산소는 다른 물질과 결합하는 걸 아주 좋아하거든. 사람으로 치자면 사교성이 매우 좋은 친구라고나 할까? 이러한 산소의 성질 때문에 우리 주위에서 산화 반응을 쉽게 관찰할 수 있어.

환원 반응은 뭘까?

어떤 물질이 산소와 만나서 나타나는 화학 반응이 산화 반응이라면, 반대로 산소를 잃으면서 나타나는 화학 반응을 '환원 반응'이라고 해. 더러워진 옷을 빨래할 때 표백제를 사용해서 깨끗하게 만드는 것이 환원

반응을 활용한 대표적인 예야.

또 제철소에서 순수한 철을 만들어 내기 위해서는 산화된 철에서 산소를 떼어 내서 만드는데 이때도 환원 반응이 일어나. 산화철의 산소를 철이 아닌 일산화탄소와 결합해서 순수한 철을 얻는 원리인 거지. 오래된 유물이나 미술 작품을 복원할 때도 이 환원 반응을 이용하기도 해.

핫팩이 따뜻해지는 원리

추운 겨울에 작은 핫팩을 주머니에 넣고 다닌 적 있죠? 흔히 손난로라고 부르는 핫팩은 처음 뜯었을 때 전혀 따뜻하지 않아요. 손으로 계속 주무르거나 마구 흔들어야 서서히 따뜻해지죠. 과연 핫팩 속에는 무엇이 들어 있는 걸까요? 핫팩 속에는 아주 고운 철$_{Fe}$가루가 들어 있는데 겉 포장지를 벗겨 내면 나오는 핫팩 속 포장지의 아주 작은 구멍을 통해 산소와 만나 산화 반응을 일으켜요. 핫팩 안에는 철뿐만 아니라 산화 반응이 잘 일어날 수 있게 도와주는 활성탄과 소금도 들어 있어서 더 빨리 따뜻해지는 거예요. 철이 산화 반응을 일으키면 수산화제이철이 되는데, 이것이 우리에게 온기를 전달하는 열을 만들어 내는 거죠.

알면 더 재밌는
갈변 현상의 세계

산화 효소와 갈변 현상

식품의 갈변 현상과 역할

우리는 식품을 조리하거나 저장할 때 일어나는 갈변 현상을 심심치 않게 목격할 수 있어.

갈변 현상은 사과처럼 식품에 포함되어 있는 효소가 산소와 만나 일어나는 효소적 갈변과 효소가 작용하지 않는 비효소적 갈변으로 나눌 수 있지.

효소적 갈변은 식품에 들어 있는 폴리페놀 화합물이 산화 효소의 작용으로 산소와 반응해 갈색의 멜라닌 색소를 만드는 현상이야. 배, 바나나, 감자와 같이 산화 효소가 존재하는 과일과 여러 채소에서 볼 수 있어.

껍질을 깎아 놓은 과일이 변색되면 품질이 떨어졌다는 취급을 받기 때문에 이러한 효소적 갈변 현상을 안 좋게 보는 시각이 많아.

그러나 효소적 갈변이 꼭 나쁘기만 한 것은 아니야. 홍차나 우롱차 같은 발효차를 만들 때는 차에 들어 있는 효소가 산소와 만나 발색을 돕고 품질을 높이기도 하거든.

한편 비효소적 갈변은 식품의 색이 변할 때 효소가 관여하지 않는 갈변 현상을 말해.

마이야르 반응과 캐러멜화 반응, 그리고 아스코르브산의

산화는 효소의 영향을 받지 않고, 반응 중 갈색의 멜라노이딘 물질을 생성하기 때문에 비효소적 갈변 현상에 속해.

단백질을 가열할 때 일어나는 마이야르 반응의 갈변 현상은 고기뿐만 아니라 장류를 가열할 때도 일어나. 그래서 간장이나 된장 같은 장류의 발색을 좋게 만들 때 활용되기도 해. 당을 가열할 때 일어나는 캐러멜화 반응의 갈변 현상 역시 달고나뿐만 아니라 사탕, 잼을 만들 때도 일어나지.

아스코르브산의 산화는 비타민C가 공기 중에서 변하는 현상이야. 비타민C가 많은 감귤류 과일로 주스를 만들거나 이를 건조해서 가공 식품을 만들 때 일어나지. 중성과 알칼리 상태인 가공 식품의 보관 기간이 지속되면 비타민C에 의해 변색이 일어나고 갈색을 띠게 되는데 이게 바로 아스코르브산의 산화 때문이야.

교과서 속 화학 키워드

효소 화학 반응이 일어날 때 촉진시키는 역할을 하는 단백질이에요. 특정한 물질의 화학 반응에만 관여하죠.